Gerlinde Böpple

t-Ratgeber Schule 2

Antistress-Training für Lehrer

Verlag an der Ruhr

Impressum

Titel
Pocket-Ratgeber Schule
Antistress-Training für Lehrer

Autorin
Gerlinde Böpple

Titelbildmotiv
Lizzie Roberts | lizzieroberts.com

Illustrationen
Katrin Wolff

Verlag an der Ruhr
Mülheim an der Ruhr
www.verlagruhr.de

Geeignet für alle Schulstufen

Haftungsausschluss
Die Inhalte des vorliegenden Ratgebers wurden sorgfältig recherchiert und haben sich in der Praxis bewährt. Alle Leserinnen und Leser sind jedoch aufgefordert, selbst zu entscheiden, ob und inwieweit sie Übungsanleitungen und Anregungen aus dem Buch umsetzen wollen. Autor und Verlag übernehmen keine Haftung für die Resultate.

ISBN 978-3-8346-0690-7

Printed in Germany

Inhaltsverzeichnis

Vorwort 5

1 Hintergründe 7

Was ist Stress? 8

Wie reagieren wir auf Stress? 9

Stressauslöser und Verstärker 11

Berufsspezifische Belastungen 12

Coping-Strategien 14

Was wirkt gegen Stress? 16

Warum Entspannung hilft 16

Kennzeichen der Entspannungsreaktion 19

Mit Entspannung Ruhe und Kraft finden 21

Wann sind wir am leistungsfähigsten? 21

Warum Lehrer in den Ferien krank werden – und was man dagegen tun kann 22

Veränderungen anpacken 23

Teil 1 auf einen Blick 26

2 Übungsteil 27

Stressmanagement 28

Persönliche „Stresskarte“ 28

Energietorte 29

Probleme bewältigen 30

Stress puffern 32

Innerer Berater 33

Meditation zur Lösung innerer Konflikte 34

Den Stress packen 36

Spannungskugel 36

Entspannungsübungen 38

Ruhebild 38

Langer, tiefer Atem 39

Schlaf des Yogi – Yoga Nidra 42
Bewegungsentspannung mit Selbstmassage 47
Bessere Laune mit besserer Haltung 49
Bewegungs- und Körperübungen 52
Yoga-Walking 52
Yogasequenz um Frust abzubauen 57
Energiesequenz 60
Verspannungen lösen 63
Meditation 68
Bienenatem 69
Lächeln 70
Liebende Güte 73
Achtsamkeit 74
Stressimpfung 76
Abhärtung 76
Schuhplattler 77
Seilspringen 78
Frösche 79
Ernährung 80
Essen gegen Stress 80
Achtsam essen – Rosinenmeditation 80
Nahrung fürs Gehirn 82
Tipps:
Die richtigen Übungen für sich finden 83
Gelassener reagieren 83
Vorbereitung auf schwierige Gespräche 84
Mit Lärmbelastung umgehen 84
Die Präsenz vor der Klasse verbessern 85
Dem Ausgebranntsein vorbeugen 85
Die Konzentration verbessern 86
Teil 2 auf einen Blick 86

Quellen 87

Vorwort

„Stress ist die Würze des Lebens."
So schrieb einst Hans Selye, der Vater der Stressforschung. Heute reden alle darüber, fast jeder fühlt sich mehr oder weniger gestresst und leidet darunter. Kaum jemand nimmt Stress als etwas Positives wahr. Vielmehr haben viele Menschen das Gefühl, dem Stressgeschehen hilflos ausgeliefert zu sein.

Sie können jedoch jederzeit aktiv etwas tun:
Sie können die Anspannung mit Hilfe eines Entspannungsverfahrens verringern, Sie können Ihre Stressbewältigungsstrategien verändern und Situationen umdeuten; oder Sie lernen, sich rechtzeitig aus dem Geschehen herauszulösen.

Sogar in extremen Situationen können Entspannungsverfahren, hier das Autogene Training, hilfreich sein. In einem eindringlichen Bericht schildert eine Jüdin, die diese Entspannungstechnik seit mehreren Jahren täglich anwandte, ihre Erlebnisse während der Zeit des Nationalsozialismus:
„Im Jahre 1942 mußte ich von zu Hause fliehen, da ich von Deportation bedroht, also in unmittelbarer Lebensgefahr war. Ich habe dann 2½ Jahre illegal unter großen Gefahren, Angst und Entbehrungen gelebt, z.B. jeden Bombenangriff allein oben in einer Wohnung, zum Teil im Dunkeln durchgemacht. [...]

Sobald der Alarm einsetzte, stieg die entsetzliche Angst auf, aber ich konnte sie immer sehr schnell durch die Entspannungsübungen auf ein erträgliches Maß abklingen lassen und sie von mir wegstellen. Es gelang mir, ganz ruhig zu bleiben und mich fast nicht zu fürchten, bis der Angriff direkt in der Nähe war. Dann konnte natürlich auch kein Training mehr helfen. Aber wurde der Angriff ferner, konnte ich [...] schnell wieder in eine seelische Ruhe zurückfinden. [...] Ich bin überzeugt, daß ich es zum Teil dem Autogenen Training verdanke, daß ich die Jahre des Grauens aushalten konnte und verhältnismäßig wenig psychisch geschädigt durchkam.“ (Schultz 1987, S. 103)

Sie finden in diesem Ratgeber einfach durchzuführende Übungen, die sich in der Praxis bewährt haben. Sie sind leicht in den Alltag zu integrieren und nehmen jeweils nur wenig Zeit in Anspruch.
Was Ihnen letztendlich guttut, können allerdings nur Sie selbst beurteilen. Achten Sie auf Ihre Körpersignale, und arbeiten Sie nur mit den Übungen, mit denen Sie sich wohlfühlen!

Viel Freude und Erfolg beim Üben!

Gerlinde Böpple

1 Hintergründe

- Was ist Stress?
- Wie kommt er zu Stande?
- Welche Strategien gibt es, dem Stress zu begegnen?
- Was bewirken sie im Körper?

Was ist Stress?

Stress ist eine sinnvolle, biologische Reaktion unseres Körpers, die unser Überleben sichert. Sie verläuft nach dem Muster „Kampf oder Flucht".

Unser vegetatives Nervensystem ist immer noch auf die Urzeit programmiert, denn die Menschheit existiert seit etwa einer Million Jahren, die „zivilisierte Welt" aber erst seit 2000 Jahren. Im Körper laufen seit Beginn der Menschheit zwei ganzheitliche Programme ab, durch die unsere Körperreaktionen bestimmt werden. Entweder befindet sich der Organismus in der Aktions- oder in der Regenerationsphase. Zu Urzeiten wurden die menschlichen Tagesabläufe durch den reinen Überlebenskampf bestimmt. Dazu zählten die Nahrungsbeschaffung (Jagd und Kampf), die Umgehung von Gefahren (Flucht), die Verteidigung der Familie und des eigenen Lebens (Kampf) sowie die notwendigen Erholungsphasen (nach Flucht, Kampf oder Anstrengung).

Die notwendigen Höchstleistungen im Kampf-Flucht-Verhalten wurden erst durch den physiologischen Vorgang Stress geschaffen. Die Regenerationsphasen dienten dazu, neue Energiereserven aufzubauen.

Heutzutage ist die Menschheit kaum noch den geschilderten Stress-Situationen ausgesetzt.

Andere Stressquellen bestimmen unser Leben: Konflikte mit Schülern, Eltern oder Arbeitskollegen, finanzielle Sorgen, Zeitnot und vieles andere mehr. Dies alles wird von unserem Körper als Stress-Situation bewertet. Dabei spielt sich das gleiche physiologische Reaktionsprogramm im Körper ab wie schon vor einer Million Jahren.

Wie reagieren wir auf Stress?

Bei Stress laufen in unserem Körper in rascher Folge unterschiedliche vom Gehirn gesteuerte Mechanismen ab. Es kommt zur Ausschüttung von Botenstoffen und Hormonen, wie Adrenalin, Noradrenalin und Cortisol. Das Herz schlägt schneller und kräftiger, der Blutdruck erhöht sich, die Bronchien erweitern sich, die Atmung wird schneller und flacher, der Blutzuckerspiegel steigt, und die Muskulatur wird stärker durchblutet. Magen, Darm und Blase dagegen minimieren vorübergehend ihre Aktivität. Es werden Energiepotenziale (z.B. Blutfette) bereitgestellt, damit wir agieren können.

Wenn diese Energieüberschüsse nicht abgebaut werden, erleidet der Körper Schäden. Durch nicht abgebaute Blutfette, Bluthochdruck oder fehlende Energiereserven können Herz-Kreislauferkrankungen, Magen-Darm-Krankheiten, Diabetes oder im psychischen Bereich Burnout, Depression, Kopf- und Rückenschmerzen entstehen.

Was krank macht, ist nicht eine immer mal wieder auftretende „akute Stress-Situation", das kann unser Körper gut verkraften, sondern „Dauerstress". Dauerstress entsteht, wenn akuter Stress sich häuft und der Organismus keine Zeit mehr hat, sich zu regenerieren. Folgt eine Belastung auf die andere, kann kein Körper diese ständige Belastung durch eine ständige Bereitstellung neuer Kraftreserven kompensieren, ohne sie vorher durch Regenerationsphasen aufgebaut zu haben.

Wie jemand auf Stress reagiert, ist abhängig von erblichen Vorbestimmungen, Lernerfahrungen sowie der Art und Dauer des Stressfaktors.

Zwillingsstudien lassen vermuten, dass genetische Faktoren etwa 30% der Stressreaktion bestimmen. Prägend sind vor allem Erfahrungen in Phasen, wo das Gehirn sich stark entwickelt (vgl. Busjahn 2002). Frühkindliche traumatische Ereignisse können lebenslänglich stressanfälliger machen, ebenso erhöhte Cortisolwerte der gestressten Mutter während der Schwangerschaft.

Auch hängt es von der Persönlichkeit und vor allem von der inneren Einstellung ab, wie der Körper auf die Stressfaktoren reagiert.

Sie kennen das ja selbst: Jemand hat z.B. kein Problem, vor einer größeren Gruppe zu sprechen, kann aber dafür nicht in engen Fahrstühlen mitfahren. Studien innerhalb verschiedener Berufsgruppen fanden einen so genannten „robusten" Persönlichkeitstyp, der nach belastenden Ereignissen mit geringerer Wahrscheinlichkeit erkrankt als andere (vgl. Kobasa 1979). Es sind Menschen, die Herausforderungen begrüßen und bereit sind, sich zu engagieren. Menschen mit einer pessimistischen Lebenseinstellung und depressiver Stimmungslage erkranken häufiger.

Stressauslöser und Verstärker

Damit man gezielt auf Stressbelastungen reagieren kann, ist es sinnvoll, die häufigsten Auslöser von Stress zu kennen und zu wissen, was ihn beeinflussen kann.

- Alle **Veränderungen im Leben**, die Umstellungen und Anpassungsleistungen erfordern, werden als belastend empfunden. Krankheit oder Tod eines Angehörigen oder auch eine Trennung sind natürlich belastender als ein Umzug. Beachten Sie diesen Faktor im Hinblick auf Ihre Planung – wenn Sie wissen, dass eine belastende Veränderung bevorsteht, dann sollten Sie ggf. andere Dinge zurückstellen.

- Je unkontrollierbarer ein Ereignis erscheint, umso wahrscheinlicher wird es als belastend wahrgenommen. Wichtiger ist jedoch die subjektive Wahrnehmung der **Kontrollierbarkeit** für die Stressrelevanz als die tatsächliche Kontrollierbarkeit. Dieses Wissen kann man sich zu Nutze machen – für die eigene Lebensgestaltung, aber auch für die Zusammenarbeit mit Schülern.
- Das Ausmaß des Stresses wird reduziert, wenn man das Eintreten eines belastenden Ereignisses vorhersagen kann.
- Erheblicher Stress wird häufig durch **innere Konflikte** ausgelöst, besonders wenn man auf der Suche nach einem akzeptablen Kompromiss ist. Folgende vier Gebiete bilden die größte potenzielle Quelle für schwere Konflikte: Unabhängigkeit versus Abhängigkeit, Intimität versus Isolation, Kooperation versus Wettbewerb, Impulsivität versus moralische Normen.

Berufsspezifische Belastungen

Eine DAK-Studie von 2006 zur Lehrergesundheit untersuchte, welche spezifischen Berufsaufgaben und Anforderungen des Lehrerberufs als starke Belastungsfaktoren empfunden werden.

Besonders belastend wirken demnach das Unterrichten und Benoten, die Klassengröße, die Arbeitszeit bzw. Unterrichtsverpflichtung, das Schülerverhalten und diskrepante Rollenerwartungen.

„An Lehrkräfte werden von unterschiedlichen Seiten sehr unterschiedliche Erwartungen an die Rolle des Lehrers herangetragen [...]. Daneben füllen Lehrkräfte auch noch ihre individuellen Rollen als Kind, Mutter, Vater etc. aus. Hier ein professionelles persönliches Leitbild der Lehrerrolle zu finden, in dem man sich mit seinen Schwächen und Stärken verwirklichen kann, ist schwierig und führt häufig dazu, dass Lehrkräfte gleichzeitig unterschiedliche und widersprüchliche Rollenerwartungen erfüllen möchten, was zur Überforderung führen kann.“ (DAK 2006, S. 37)

Auf diese Belastungen hat man nur bedingt Einflussmöglichkeiten, da sie teilweise extern bestimmt sind.

Um gut damit umgehen zu können, hat man manchmal nur die Möglichkeit, die eigenen Stressbewältigungsstrategien zu hinterfragen und gegebenenfalls zu ändern.

Das heißt, ungünstige Strategien durch sinnvolle Strategien zu ersetzen und so die Kontrolle über emotionale und physische Reaktionen in Stress-Situationen zu behalten.

Coping-Strategien

Als Coping-Strategien bezeichnet man Bewältigungsstrategien (von engl. „to cope“ – mit etwas zurechtkommen). Normalerweise braucht man mehrere solcher Strategien, um flexibel auf alle belastenden Situationen des Lebens eingehen zu können.

Problemorientiertes Coping

Man konzentriert sich auf das belastende Problem und versucht, die Dinge direkt zu ändern. Oder man sucht nach einer Lösung, damit das Problem in Zukunft nicht mehr auftritt. Zur Strategie beim Lösen von Problemen gehören

- die **Definition** des Problems,
- das Entwickeln alternativer **Lösungen**,
- die **Bewertung** der Alternativen nach Kosten und Nutzen,
- die Auswahl einer Alternative und deren **Realisierung**.

Problemorientierte Strategien können auch nach innen gerichtet sein: Statt die Umgebung zu verändern, verändert die Person etwas an sich selbst. Wie effektiv diese Strategien sind, hängt von der Situation, vom Erfahrungshintergrund und den Fähigkeiten zur Selbstkontrolle ab.

Emotionsorientiertes Coping

Man konzentriert sich auf die Emotionen und die eigene Einstellung zur Stress-Situation, zumal wenn sich die Situation nicht ändern lässt. Emotionsorientierte Strategien sollen verhindern, dass man von negativen Emotionen überwältigt und dadurch handlungsunfähig wird. Hierbei gibt es unterschiedliche Strategien:

- **Verhaltensorientierte Strategien**, z.B.: körperliches Training, bei Freunden emotionale Unterstützung suchen, Ärger anderswo abreagieren, Konsum von Drogen
- **Kognitive Strategien**, z.B.: Problem zeitweise beiseiteschieben, die Situation neu bewerten
- **repressives Coping:** Negative Empfindungen werden verdrängt und geleugnet.
- **Grübeln:** Menschen, die zum Grübeln neigen, lösen Probleme seltener aktiv. Auch führt Grübeln meist zur Isolation.

Einige dieser Strategien sind wenig Erfolg versprechend, z.B. Drogenkonsum, repressives Coping oder Grübeln.

Tipp *Welche Strategien benutzen Sie? Häufig haben Männer Defizite bei den emotionsorientierten Strategien, Frauen beim problemorientierten Coping.*

Was wirkt gegen Stress?

„Es gibt nichts Gutes, außer man tut es.“
Diesen Spruch sollten Sie beherzigen. Oft weiß man theoretisch genau, was zu tun ist, vergisst aber, es in die Praxis umzusetzen. Dinge werden sich nur zum Positiven verändern, wenn Sie regelmäßig ein Entspannungsverfahren üben oder wenn Sie immer wieder Ihre Einstellungen überprüfen und ggf. ändern.

Denken Sie daran: Sie können oft nicht beeinflussen, was andere sagen oder tun. Aber Sie können entscheiden, wie sie darauf reagieren.

Warum Entspannung hilft

Wer die Fähigkeit besitzt, sich entspannen zu können, verfügt über ein wirksames Instrument gegen Stress. Die Wirksamkeit unterschiedlicher Entspannungsverfahren ist durch zahlreiche Studien wissenschaftlich belegt. Die verschiedenen Verfahren bedienen sich zwar unterschiedlicher Herangehensweisen, aber alle lösen die gleiche Entspannungsreaktion im Körper aus.

Entspannung ist eine Fertigkeit, die man ebenso erlernen kann wie Schwimmen, Lesen etc. Die Grundvoraussetzung, damit Entspannungsmethoden funktionieren, ist allerdings ein systematisches Üben.

Die hervorgerufene Entspannungsreaktion ist eine konditionierte Reaktion auf einen konditionierten Reiz, die man im Laufe des Übens erlernt. Entspannungsverfahren sind leicht zu erlernen, da ja die biologischen Funktionen des menschlichen Organismus genutzt werden, in diesem Fall die mentale und körperliche Regenerationsphase. Der Körper muss allerdings erfahren bzw. erlernen, wie sich Entspannung anfühlt. Nur dann kann der Mensch sich selbst durch verschiedene Methoden und Techniken in diesen Zustand versetzen.

Entspannung will gelernt sein

Im Gegensatz zur Stressreaktion, die automatisch abläuft, müssen heutige Menschen die Entspannungsreaktion oft erst wieder lernen.

Dies hat vor allem evolutionäre Gründe: „*Wenn ein Höhlenbär auf Sie zukommt, ist eine automatische Reaktion nötig, die sofortige Mobilmachung des Körpers. Für das Entspannen ist dieser schnelle Automatismus nicht so wichtig. Dennoch ist auch die Entspannungsreaktion ein Teil unseres biologischen Erbes.*" (Benson 1993, S. 20). Diese „Relaxation Response" ist ein körperlicher Prozess, der aber psychisch ausgelöst werden kann.

Die Entspannungsreaktion ist gekennzeichnet durch Gefühle des Wohlbefindens, der inneren Ruhe und Lockerheit.

Diese Reaktion ist kein „Sonderzustand“, sondern ein genetisch verankertes Reaktionsmuster. Die charakteristischen Reaktionen spielen sich auf verschiedenen Ebenen ab. Dazu zählen körperliche Reaktionen, Verhaltensweisen, Emotionen und Kognitionen.

Ihr Körper macht, was Sie ihm sagen

Mit Ihren Gefühlen und Gedanken können Sie gezielt Einfluss auf körperliche Abläufe nehmen. Falls Sie Zweifel haben, dass Ihr Körper auf Ihre Anweisungen reagiert, dann machen Sie bitte zuerst folgendes Experiment:

Stellen Sie sich eine Zitrone vor, die Sie in Ihrer Hand halten. Betrachten Sie mit Ihrem inneren Auge die herrlich sonnengelbe Frucht. Sie können die kleinen Poren auf der Oberfläche deutlich sehen. Schneiden Sie die Zitrone nun in Gedanken auseinander, und blicken Sie auf die Schnittflächen. Sie sehen, wie der Saft heraustropft. Sie schneiden eine Scheibe ab und teilen sie, sodass das Fruchtfleisch freiliegt. Beißen Sie hinein. Läuft Ihnen der Speichel im Mund zusammen?

Ähnlich, wie Ihnen automatisch in dieser Situation der Speichel im Mund zusammenläuft, wird ihr Körper reagieren, wenn Sie ihm in anderen Situationen entsprechende Anweisungen geben. Mit jeder Übungseinheit wird es besser gelingen.

Allein durch die gedankliche Vorstellung haben Sie gerade eine körperliche Reaktion hervorgerufen. Untersuchungen ergaben Folgendes: Inneres Erleben, das als besonders realistisch empfunden wird, setzt über neuronale Prozesse des Gehirns Körperfunktionen in Gang, die realistischen Erlebnissen entsprechen.
Angst auslösende Situationen beschleunigen den Puls, die Herzfrequenz, flachen die Atmung ab, erhöhen den Adrenalinspiegel – egal ob die Wahrnehmung real stattfindet oder ob sie durch eine Horrorszene im Film oder eine als real empfundene Fantasie ausgelöst wird. In allen drei Fällen wurden medizinisch in etwa gleiche Ergebnisse der veränderten Körperfunktionen gemessen (vgl. Atkinson 2001).

Kennzeichen der Entspannungsreaktion

Psychologische Kennzeichen

Wer regelmäßig entspannt, wird bald feststellen,

- dass **emotionale Gelassenheit** entsteht, das heißt, Affekte und Emotionen lassen sich kaum noch provozieren.
- dass sich nach den Übungen ein Gefühl des geistigen und körperlichen **Ausgeruhtseins** einstellt.

- dass Außenreize (Geräusche, Beleuchtung, Berührungsdruck) immer mehr an Bedeutung verlieren, was zu einer **stärkeren Konzentrationsfähigkeit** führt.

Physiologische Kennzeichen

Die Entspannungsreaktion ist u.a. durch folgende Veränderungen von Körperfunktionen gekennzeichnet:

- **Neuromuskuläre Veränderungen:** Abnahme der Spannung der Skelettmuskulatur, weniger Reflex-Tätigkeit
- **Kardiovaskuläre Veränderungen:** Periphere Gefäßerweiterung – bessere Durchblutung, geringfügige Verlangsamung des Pulsschlages, Senkung des arteriellen Blutdrucks
- **Respiratorische Veränderungen:** Abnahme der Atemfrequenz, Gleichmäßigkeit der einzelnen Atemzyklen, Abnahme des Sauerstoffverbrauchs
- **Elektrodermale Veränderungen:** Abnahme der Hautleitfähigkeit
- **Zentralnervöse Veränderungen:** Veränderungen der hirnelektrischen Aktivität (EEG) – Zustand wie kurz vor dem Einschlafen

Mit Entspannung Ruhe und Kraft finden

Werden Entspannungsübungen regelmäßig durchgeführt, verändert sich über längere Sicht die Reaktion des Organismus auf Stressfaktoren. Bei gleicher Belastung schüttet der Körper zum Beispiel weniger Stresshormone aus. Entsprechend geringer sind deren ungünstige Einflüsse auf ihn. Generell hat regelmäßige Entspannung eine positive Langzeitwirkung auf das seelische Wohlbefinden. Gefühle von Angst, Ärger oder innerer Anspannung können überwunden werden.

Da man gleichzeitig lernt, Körpersignale bewusst wahrzunehmen, bemerkt man auch schneller, wenn man in eine Stressreaktion gerät. Dann kann man mit einer Übung regulierend eingreifen, sodass die Reaktion milder verläuft.

Wann sind wir am leistungsfähigsten?

Leistungsfähigkeit hängt eng mit Aktivation (Wachheit eines Menschen) zusammen. Die höchste Leistungsfähigkeit besteht bei einem mittleren Aktivierungsniveau. Hingegen führen sowohl geringe Aktivation wie auch eine Übererregung zu einer Leistungsabnahme (Yerkes-Dodson-Regel). Die Regel gilt für Aufgaben mittlerer Schwierigkeit.

Das bedeutet, dass ein gewisses Maß an Stress nötig ist, um gute Leistungen zu erbringen, ein zuviel an Stress die Leistungsfähigkeit vermindert. Wenn Sie über genügend Erfahrung mit Entspannungsverfahren verfügen, können Sie Ihre Leistungskurve entsprechend regulieren.

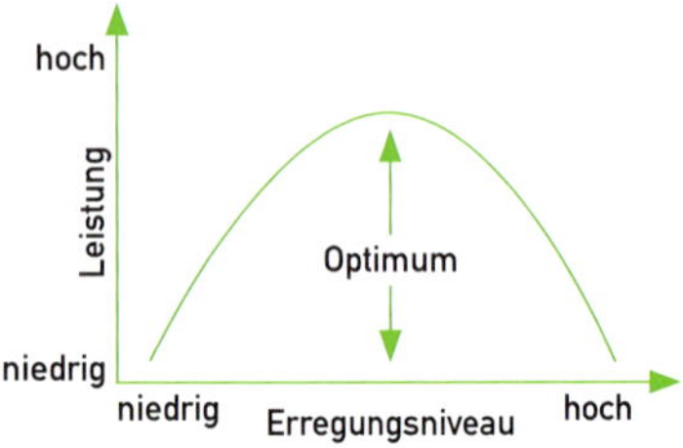

Warum Lehrer in den Ferien krank werden – und was man dagegen tun kann

Kurzfristiger Stress aktiviert Teile des Immunsystems, die dann in der Erholungsphase unter das Ausgangsniveau herunterreguliert werden. Es dauert meist einige Zeit, bis das Immunsystem wieder normale Werte erreicht. Dieses Phänomen wird als „Open-Window-Phänomen" bezeichnet. In der Phase des „open window" kann es zu einem Infekt kommen, wenn der Körper Krankheitserregern ausgesetzt ist. Aus diesem Grund werden Lehrer häufig in den Ferien krank.

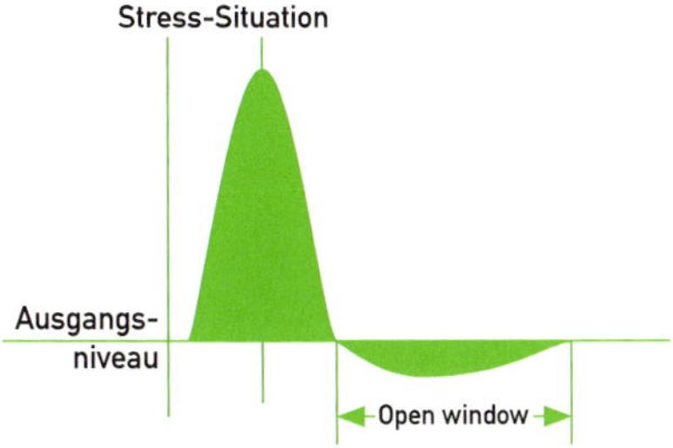

Sie können dem gegensteuern, indem Sie in Zeiten besonders hoher Belastung regelmäßig entspannen, sich viel bewegen und sich gut ernähren, das heißt, vitamin- und vitalstoffreich!

Veränderungen anpacken

Verhalten oder Gewohnheiten zu verändern, ist eine große Herausforderung, zu der eine Menge Disziplin gehört, und vor allem viel Geduld mit sich selbst.

Persönliches Antistress-Programm

Wenn Sie nun vorhaben, gezielt Ihre Stressbelastung zu reduzieren, sollten Sie sich ein persönliches Antistress-Programm zusammenstellen.

1. Schritt: Zielsetzung
Überlegen Sie, was Sie erreichen wollen. Legen Sie ein konkretes Ziel im Hinblick auf das eigene Verhalten bzw. das angestrebte Ergebnis fest.

- **2. Schritt: Handlungsplanung**
  Was wollen Sie tun, um Ihr Ziel zu erreichen?
- **3. Schritt: Zeitplan**
  Wann möchten Sie Ihr Ziel erreichen? Planen Sie ggf. Zwischenziele ein.
- **4. Schritt: Helfer**
  Planen Sie die Unterstützung anderer ein.
- **5. Schritt: Belohnung**
  Legen Sie fest, wie Sie sich selbst nach Erreichen des Zieles belohnen wollen (Selbstmotivation).

Setzen Sie Ihr Antistress-Programm konsequent um. Während des Prozesses ist es sinnvoll, erreichte Fortschritte schriftlich zu fixieren.

Verhalten ändern

Die größte Hürde, die es zu nehmen gilt, ist, das eigene Verhalten zu ändern.

Ein englisches Forscherteam untersuchte 96 Menschen, die ein neues Verhalten erlernen wollten (vgl. Lally u.a. 2009). Täglich wurden sie gefragt, wie automatisch sich das neue Verhalten anfühlte, also ob es getan werden konnte, ohne darüber nachzudenken. Im Durchschnitt hatten die Teilnehmer nach 66 Tagen das neue Verhalten verinnerlicht.

Die Dauer, das neue Verhalten zu verinnerlichen, variierte unter den Teilnehmern zwischen 18 und 254 Tagen. Es kam auch auf die Art des neuen Verhaltens an. Die Gewohnheit, öfter ein Glas Wasser zu trinken, war leichter zu erreichen, als täglich 50 Sit-ups zu absolvieren. Die Forscher fanden zudem heraus, dass es nichts ausmacht, wenn man das neue Verhalten mal an einem Tag nicht durchführt.

Fazit: Es dauert also eine Weile, bis man sich ein neues Verhalten angeeignet hat. Hat man aber einmal begonnen und bleibt dran, ist eine Verhaltensänderung möglich.

Tipp

Um Ihre Fortschritte sichtbar zu machen, besorgen Sie sich eine hübsche Schale, mehrere Steine, Perlen oder Muscheln.
Jedes Mal, wenn Sie geübt haben, legen Sie einen Stein, eine Perle oder eine Muschel in die Schale. Schnell wird das Häuflein anwachsen und so Ihren Übungserfolg sichtbar machen.

TEIL 1 | AUF EINEN BLICK

- Stress ist eine normale physiologische Reaktion auf als belastend oder bedrohlich empfundene Situationen.
- Wichtig ist, sich in Entspannungsphasen immer wieder zu regenerieren.
- Wie der Körper auf Stressfaktoren reagiert, hängt von der Persönlichkeit und vor allem von der inneren Einstellung ab.
- Eine effektive Reduzierung des Stresses kann durch Entspannungsverfahren und durch Einstellungsänderungen hervorgerufen werden.
- Um langfristige Änderungen zu erreichen, hilft folgender Trainingsplan:
  1. Verschaffen Sie sich einen Überblick über Ihre augenblickliche Situation. Finden Sie heraus, welches Problem Sie angehen müssen. Die Übungen „Stresskarte“ (S. 28) und „Energietorte“ (S. 29) helfen Ihnen dabei.
  2. Machen Sie sich einen Plan (S. 23/24).
  3. Wählen Sie Übungen aus (Vorschläge ab S. 83).
  4. Praktizieren Sie regelmäßig, und lassen Sie sich nicht entmutigen!

Übungsteil 2

- ☑ Stressfaktoren bestimmen und die innere Einstellung verändern, ab S. 28
- ☑ Regeneration nach einer akuten Stress-Situation und Beschleunigung der Erholung, ab S. 38 und 68
- ☑ Abbau der überschüssigen Stress-Energie, ab S. 52
- ☑ dem Stress vorbeugen und sich dagegen abhärten, ab S. 67
- ☑ Tipps, wie Sie in Zeiten der Belastung Ihren Körper stärken, ab S. 80
- ☑ Welche Übungen eignen sich für was?, ab S. 83

Stressmanagement

In diesem Kapitel finden Sie unterschiedliche Übungen, wie Sie mit Stress umgehen können, auf kognitiver wie auch auf körperlicher Ebene. Im ersten Schritt geht es darum, zu erkennen, was Ihnen den größten Stress macht, damit Sie gezielt das Problem anpacken können. Die weiteren Übungen helfen dabei, das erkannte Problem zu bewältigen und körperliche Anspannung, die mit Stress einhergeht, schnell abzubauen.

Persönliche „Stresskarte"

Mit Hilfe dieser Übung können Sie herausfinden, wo in Ihrem persönlichen Umfeld die größten Stressfaktoren bzw. „Kraftfresser", aber auch „Kraftquellen" liegen.
Sie können erkennen, wo Sie etwas verändern sollten. Dinge, die Ihnen Kraft schenken, sollten Sie pflegen. In Bereichen mit hohem Stressfaktor sollten Sie überlegen, was Sie verbessern können.

- Schreiben Sie Ihren Namen in die Mitte eines großen Blattes Papier. Schreiben Sie nun um Ihren Namen herum alle Bereiche, Aufgaben und Personen auf, die in Ihrem Leben, Ihrer Familie und dem Beruf eine Rolle spielen.

All das, was Ihnen nahesteht, schreiben Sie dicht an Ihren Namen und all das, was Sie nicht so sehr berührt, schreiben Sie weiter entfernt von Ihrem Namen auf.

- Dann bewerten Sie jeden Bereich, jede Aufgabe und jede Person mit Punkten zwischen 0 und 5.
  5 Punkte bedeuten einen hohen Stressfaktor, 0 Punkte bedeuten keinen Stress.
- Fragen Sie sich dann, ob Sie Kraft in den entsprechenden Bereich investieren müssen oder ob Sie Kraft daraus gewinnen. Markieren Sie das mit einem Minus- bzw. Pluszeichen.

Energietorte

Einen guten Überblick, wie Sie Ihre Zeit nutzen, verschafft Ihnen die Energietorte.

- Sie brauchen dafür ein Blatt Papier, auf das Sie einen großen Kreis zeichnen, am besten mit dem Zirkel. Den Kreis teilen Sie in 24 Tortenstücke, diese symbolisieren die 24 Stunden des Tages.
- Nun überlegen Sie sich, wie Sie den Tag nutzen: Wie viele Stunden schlafen Sie – sechs, sieben oder acht Stunden? Tragen

Sie Ihre Schlafzeit in den Kreis ein, für jede Stunde ein Tortenstück. Wie viel Zeit benötigen Sie für die Mahlzeiten? Wie lange sind Sie zu Ihrem Arbeitsplatz unterwegs? Wie viele Stunden verbringen Sie an der Schule? Wie lange arbeiten Sie an der Vorbereitung und an Korrekturen? Wie viel Zeit verbringen Sie mit Ihrer Familie oder Ihrem Partner? Wie viel Zeit brauchen Sie für Haushaltsarbeiten? Vieleicht sind Sie ehrenamtlich aktiv oder haben ein Hobby? Bleibt Ihnen genügend Zeit für sich?

- Füllen Sie entsprechend Ihrer Überlegungen die Energietorte aus. Sie werden schnell sehen, wo sich Defizite auftun.

Wenn Sie merken, dass Handlungsbedarf besteht, zögern Sie nicht, und gehen Sie das Problem an.

Probleme bewältigen

Sie werden immer wieder in Situationen geraten, die Sie unter Druck setzen. Um besser mit solchen Situationen umgehen zu können, können Sie es mit dieser Übung versuchen.

- Nehmen Sie sich einen Moment Zeit, und werden Sie sich Ihrer Gefühle zum jeweiligen Problem bewusst.

- Konzentrieren Sie sich auf Ihr Herz oder Ihren Solarplexus. Atmen Sie 10 Sekunden (oder länger) Wertschätzung und Liebe in diesen Bereich. Das heißt, verinnerlichen Sie, dass Sie als Mensch Wertschätzung verdienen.
- Versuchen Sie, eine objektive Haltung zu dem Problem zu entwickeln – so, als wäre es das Problem eines anderen Menschen.
- Bleiben Sie in diesem neutralen Zustand, behalten sie auch die mitfühlende, wertschätzende Einstellung bei.
- „Weichen" Sie nun alle verwirrenden, verwirrten Gefühle im Mitgefühl des Herzens „ein", und entspannen Sie sich. Nehmen Sie dem Problem ein wenig von seiner Wichtigkeit. Lassen Sie sich für diesen Schritt Zeit, es gibt keinerlei zeitliche Beschränkung. Denken Sie daran: Nicht das Problem verursacht den Energieverlust, sondern die Bedeutung, die Sie ihm beimessen.
- Haben Sie Ihrem Problem so viel wie möglich von seiner Wichtigkeit genommen, dann lauschen Sie in sich hinein, und vertrauen Sie Ihrer Intuition. Das bedeutet, nehmen Sie die Antwort, die Ihnen in den Sinn kommen wird, ernst.

- Falls Sie keine Antwort erhalten, sollten Sie versuchen, etwas an dem Problem wertschätzen zu können. Die Erfahrung zeigt: Sobald man etwas an dem Problem, an dem man arbeitet, wertschätzen kann, wird man meist intuitiv klarer.

Stress puffern

Diese Übung ist für akute Stress-Situationen gedacht, damit Sie emotional gelassener reagieren können.

Im Vorfeld sollten Sie diese Übung immer mal wieder in Situationen anwenden, die nur leichte Anspannung verursachen, z.B. ein nicht funktionierender Automat o.Ä., damit es dann in schwierigen Situationen auch wirklich klappt.

- Bemühen Sie sich aufrichtig, Ihre Aufmerksamkeit weg von Ihrem rasenden Verstand oder Ihrem Gefühlswirrwarr zu bringen und stattdessen in Ihre Herzgegend oder Ihren Solarplexus zu lenken. Stellen Sie sich vor, Sie atmen mit dem Herzen oder dem Solarplexus und bringen so Energie in diesen Bereich. Bleiben Sie mit Ihrer Aufmerksamkeit 10 Sekunden oder länger in diesem Bereich.
- Erinnern Sie sich an Ihr Ruhebild (s.S. 38) oder an ein positives, fröhliches Gefühl.

Versuchen Sie, dieses Gefühl bzw. das Ruhebild so real wie möglich zu erleben.

- Fragen Sie mit Hilfe Ihrer Intuition und Ihres gesunden Menschenverstands aufrichtig Ihr Herz, welche Reaktion angebracht wäre, die Ihren Stress nachhaltig verringert.
- Hören Sie auf die Antwort Ihres Herzens.

Innerer Berater

Manchmal stehen wir vor schwierigen Entscheidungen oder kommen mit einem bestimmten Problem nicht weiter. Innere Dialoge können helfen, solche Situationen zu klären.

Erschaffen Sie sich dafür einen „inneren Berater", mit dem Sie jederzeit über alles reden können.

- Überlegen Sie: Wie sieht mein Berater aus? Wo lebt er? Was für Charaktereigenschaften hat er? Ihr Coach sollte Ihr volles Vertrauen genießen.
- Wenn Sie seinen Rat brauchen, machen Sie es sich bequem, und entspannen Sie sich.
- Besuchen Sie ihn in Gedanken, und erläutern Sie Ihr Problem. Malen Sie sich die Situation ganz konkret aus.

- Warten Sie die Reaktion des Beraters ab. Fragen Sie nach. Diskutieren Sie mit ihm. Gleichgültig, welche Aussagen er macht, bedanken Sie sich schließlich, und verabschieden Sie sich von ihm.
- Vielleicht überreicht er Ihnen zum Abschied ein Geschenk. Stecken Sie es ein, und machen Sie sich auf den Heimweg.
- Denken Sie über seine Antwort nach. Welche Schlüsse können Sie daraus ziehen? Was für eine Bedeutung könnte das Geschenk haben?

— *Idee nach Robert Sonntag*

Meditation zur Lösung innerer Konflikte

Diese Meditation kann hilfreich sein, wenn innere Konflikte unsere Fähigkeit blockieren, klar zu denken und zu handeln.
Durch die Konzentration auf die Atemtechnik tritt das Denken in den Hintergrund, und man wird offen für neue Lösungen.

- Sitzen Sie im Schneidersitz oder auf einem Stuhl. Achten Sie darauf, aufrecht, mit gerader Wirbelsäule zu sitzen. Das Kinn ist leicht Richtung Hals gezogen, der Hals bleibt dabei gerade. Die Augen sind zu neun Zehnteln geschlossen. Legen Sie Ihre Hände auf die Brust mit den Handflächen unterhalb der Schlüsselbeine. Die Finger zeigen zueinander, berühren sich aber nicht. Die Daumen zeigen nach oben.

- Atmen Sie in folgendem Rhythmus durch die Nase: Atmen Sie tief und vollständig ein, zählen Sie dabei langsam bis 5, atmen Sie vollständig bis 5 zählend aus. Halten Sie dann den Atem für 15 Sekunden an.
- Atmen Sie auf diese Weise 3 Minuten lang. Dann atmen Sie tief ein und strecken die Arme über den Kopf. Atmen Sie aus, und schütteln Sie dabei Arme und Hände kräftig. Legen Sie die Hände in den Schoß, und lassen Sie Ihren Atem normal fließen. Spüren Sie nach. Wie fühlen Sie sich?

Wenn Sie den Atem nicht für 15 Sekunden anhalten können, so bauen Sie die Zeit langsam auf. Sie sollten den Atem nur so lange anhalten, wie es angenehm für Sie ist. Halten Sie den

Atem auf keinen Fall länger als 15 Sekunden an. Sollten Sie sich unwohl fühlen, kehren Sie zu Ihrem normalen Atemrhythmus zurück.
Sie können die Meditationszeit langsam auf 10 Minuten verlängern.

Den Stress packen

Mit dieser Atemübung können Sie schnell und gezielt Spannung abbauen.

- Sie stehen oder sitzen aufrecht, die Arme sind locker angewinkelt. Atmen Sie ein, und schütteln Sie dabei Ihre Hände aus. Dann halten Sie den Atem an, ballen die Hände zu Fäusten, „packen" den Stress und bringen die Fäuste auf Schulterhöhe. Atmen Sie zischend aus. Stoßen Sie dabei Ihre Hände nach oben, spreizen Sie die Finger, und strecken Sie die Arme. Lassen Sie den Stress los.
- Wiederholen Sie mehrmals bzw. so oft, bis Sie sich besser fühlen.

Spannungskugel

Stressbelastung schlägt sich in muskulärer Anspannung nieder. Diese Übung hilft, muskuläre Anspannungen zu lösen.

- Setzen Sie sich auf den Boden, die Füße sind nahe am Körper aufgesetzt. Umfassen Sie die Knie mit beiden Armen, und lassen Sie Ihren Kopf Richtung Knie sinken. Spannen Sie nun alle Ihre Muskeln an. Erzeugen Sie möglichst viel Anspannung im ganzen Körper. Halten Sie die Spannung, und zählen Sie bis 10.

- Lösen Sie sich dann aus der Haltung, legen Sie sich auf den Rücken, und strecken Sie Arme und Beine von sich. Lassen Sie alle Anspannung los. Sie sinken tief in den Boden. Lassen Sie Ihren Körper locker und weich werden. Bleiben Sie einen Moment liegen, und genießen Sie die Entspannung.

- Wenn Sie sich noch angespannt fühlen, dann wiederholen Sie die Übung ggf. beliebig – bis Sie deutlich die muskuläre Entspannung spüren.

Tipp *Ein ebenso simples wie effizientes Mittel, um schnell Spannung abzubauen, ist Kaugummi kauen. Kaugummi kauen entspannt die Nerven und Muskeln. Es fördert zudem die Denkleistung, denn die Kaubewegung erhöht die Blutzufuhr zum Gehirn und damit die Sauerstoffversorgung des Gehirns. Sie sollten immer Kaugummi dabei haben – für sich und Ihre Schüler!*

Entspannungsübungen

Ruhebild

Die Visualisierung eines angenehmen, beruhigenden Bildes kann helfen, Abstand zum Tagesgeschehen zu gewinnen. Das Ruhebild unterstützt Sie darin, schneller in die Entspannung zu kommen. In Stress-Situationen visualisiert, kann es die Lage entspannen, sodass Sie ruhiger und gelassener reagieren.

Wie Sie Ihr Ruhebild finden

Schließen Sie die Augen, und richten Sie Ihre Aufmerksamkeit nach innen. Stellen Sie sich nun eine für Sie sehr angenehme Situation vor, in der Sie sich rundum wohlfühlen. Diese Situation kann ein früheres Erlebnis sein, z.B. während eines Urlaubs, aber es kann auch eine Fantasiesituation sein. Wenn Sie eine Situation gewählt haben, versuchen Sie, sich diese Situation möglichst konkret und detailgetreu vorzustellen. Was können Sie sehen, hören, fühlen, riechen, schmecken? Wie ist das Wetter? Spüren Sie, wie angenehm die Vorstellung ist. Rufen Sie sich Ihr Ruhebild immer dann ins Gedächtnis, wenn Sie sich entspannen wollen oder wenn Sie Distanz zu einer Situation gewinnen möchten. Falls es Ihnen schwerfällt, ein Ruhebild zu finden, hier ein Beispiel.

Ostseestrand – ein Ruhebild

Es ist ein wunderschöner Sommernachmittag. Die Sonne scheint, es ist angenehm warm, aber nicht zu heiß, der Himmel ist strahlend blau. Ich sitze im Strandkorb und blicke aufs Meer. Ich lehne mich bequem zurück, habe die Beine und Füße ausgestreckt und fühle mich wohl. Der Sand ist ganz fein und fast weiß, die Dünen sind mit Strandhafer bewachsen. Das Gras bewegt sich leicht im Wind hin und her. Ich beobachte das Wellenspiel und schaue zu, wie sich die Wellen am Strand brechen und sanft auslaufen. Am Horizont kreisen ein paar Möwen. In der Ferne sind manchmal ihre Rufe zu hören, ansonsten höre ich nur das Rauschen der Wellen. Die Sonne wärmt die Haut, und ab und zu streicht eine kühle Brise wohltuend über mein Gesicht. Ich atme tief ein. Ich rieche und schmecke die salzige Luft. Ich fühle mich so richtig wohl und entspannt. Ich genieße diesen herrlichen Sommertag am Meer in vollen Zügen.

Langer, tiefer Atem

„Wenn der Atem ungleichmäßig ist, dann ist der Geist unruhig, aber wenn der Atem still ist, ist auch der Geist still, und der Yogi bekommt die Kraft der Stille."

Hatha Yoga Praipika

Wie in Teil 1 beschrieben, erhöht sich bei Stress die Atemfrequenz – der Atem ist schnell und flach.

Wenn es Ihnen gelingt, in einer Stress-Situation Ihren Atem bewusst umzustellen und gezielt langsam und ruhig zu atmen, können Sie die negativen Folgen, sei es auf der physischen oder psychischen Ebene, vermeiden bzw. verringern.

- Um die yogische Vollatmung einzuüben, legen Sie sich am besten auf den Rücken. Stellen Sie Ihre Füße auf, sodass Ihr Lendenbereich flach am Boden liegt und Ihr Bauch sich entspannen kann (s. Abb.). Werden Sie sich nun der Atmung bewusst. Lassen Sie Ihren Atem ruhig und gleichmäßig fließen.

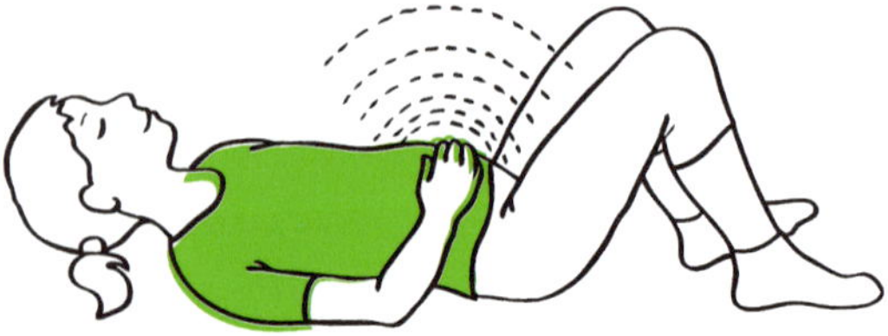

- Legen Sie dann beide Hände locker auf den Bauch. Atmen Sie in den Bauch, und spüren Sie, wie er sich beim Einatmen nach außen wölbt, rund wird. Beim Ausatmen sinkt er zurück und wird ganz flach. Behalten Sie die Bauchatmung mehrere Atemzüge lang bei.

- Legen Sie dann die Hände von den Seiten über den Brustkorb. Die Fingerspitzen berühren sich. Atmen Sie in den Brustkorb. Bei der Einatmung dehnt sich der Brustkorb, die Fingerspitzen entfernen sich voneinander. Beim Ausatmen berühren die Finger sich wieder. Behalten Sie die Brustatmung mehrere Atemzüge lang bei.

- Nun legen Sie die Hände auf die Schlüsselbeine. Sie atmen nun in Ihre Lungenspitzen. Mit der Einatmung heben sich die Schlüsselbeine und die Hände etwas an, mit der Ausatmung senken sie sich. Behalten Sie die Schlüsselbeinatmung mehrere Atemzüge lang bei.
  Üben Sie die Atemphasen auf diese Weise zunächst getrennt voneinander. Im nächsten Schritt werden die Phasen dann miteinander zu einem Atemzug verbunden.

- Atmen Sie zuerst in den Bauch, dann in die Brust, dann in die Lungenspitzen. Lassen Sie den Atem sanft ausströmen. Konzentrieren Sie dabei darauf, den Bauch wieder flach werden zu lassen. Stellen Sie sich vor, dass Ihr Atem kommt und geht wie eine Welle.

- Praktizieren Sie auf diese Art mehrere Atemzüge lang die Vollatmung, dann lassen Sie Ihren Atem normal kommen und gehen. Spüren Sie noch einen Moment nach, bevor Sie sich wieder Ihren Alltagsbeschäftigungen zuwenden.

Diese Atemtechnik sollten Sie so oft wie möglich üben, damit Sie Ihnen in Fleisch und Blut übergeht.
Am Anfang kann es sein, dass leichter Schwindel auftritt. Es handelt sich dabei um einen Saugeffekt, welcher dem Gehirn kräftig das venöse Blut entzieht. Bei Personen mit niedrigem Blutdruck erzeugt dies ein Schwindelgefühl. Dieser Effekt verliert sich mit entsprechender Übung.

Sollten Sie unter Einschlafproblemen leiden, dann können Sie diese Atemtechnik auch im Bett praktizieren. Manchmal reichen schon ein paar wenige Atemzüge aus, um sanft in den Schlaf hinüberzugleiten.

Schlaf des Yogi – Yoga Nidra

Wie der Name sagt, stammt diese Tiefenentspannungsübung aus dem Yoga. Man kann diese Übung aber auch unabhängig von Yogaübungen durchführen.
Für diese Entspannung müssen Sie anfangs etwa 30 Minuten Zeit einplanen. Je geübter Sie sind,

umso schneller können Sie mit dieser Technik in einen tiefen Entspannungszustand gelangen. 10 Minuten Tiefenentspannung reichen dann aus, um sich optimal zu erholen.

Beim Yoga Nidra wandert man mit seiner Aufmerksamkeit durch den Körper und entspannt nach und nach die Körperteile.

Lassen Sie sich zu Beginn nicht frustrieren, wenn Sie das Gefühl haben, bestimmte Körperregionen nicht wahrnehmen zu können. Gehen Sie dann einfach weiter im Ablauf.

Vorsatz

Während des Yoga Nidra kann man sich zu Beginn und am Ende einen Vorsatz oder Wunsch ins Gedächtnis rufen. Ein positiver Vorsatz kann dabei helfen, negative Gedanken zu „überschreiben".

Beispiele finden Sie im Kasten (s. S. 44).

Es gehört allerdings eine Portion Disziplin dazu, diesen negativen Gedanken und Gefühlen etwas entgegenzusetzen.

Damit es gut funktioniert, müssen Sie bei der Gestaltung der Formel ein paar Dinge beachten.

- Der Vorsatz muss in der Gegenwarts- und Wirklichkeitsform formuliert sein: Ich bin ..." statt „Ich werde ..."

- prägnanter Wortlaut (max. 10 Wörter)
- positive Formulierung
- ruhiger, gleichmäßiger Sprachrhythmus
- Einbeziehung der eigenen Sprachgewohnheiten (Dialekt, Ausdrucksform)
- Das Ziel sollte erreichbar sein.

Beispiele für Vorsätze

- Ich bin jederzeit ruhig und gelassen.
- Ich schaffe mein Arbeitspensum.
- Ich arbeite gelassen und konzentriert.
- Ich bin in der Lage, flexibel zu reagieren.
- Ich respektiere mich und andere.
- Ich ruhe stets in meiner Mitte.
- Ich bin vor der Klasse wach und präsent.

Yoga Nidra

→ Legen Sie sich auf den Rücken. Die Beine sind leicht geöffnet, die Füße fallen locker zur Seite. Die Arme liegen neben dem Körper, die Finger sind entspannt. Sie können sich ein flaches Kissen unter den Nacken oder den Rücken legen. Evtl. decken Sie sich mit einer leichten Decke zu.

- Rufen Sie sich Ihren Vorsatz ins Gedächtnis. Wiederholen Sie ihn einige Male in Gedanken.
- Entspannen Sie Ihren Atem, lassen Sie ihn ruhig und gleichmäßig fließen. Bei starker Anspannung atmen Sie ein paar Mal seufzend aus – das löst die Spannung.
- Wandern Sie nun im Geist durch Ihren Körper, und entspannen Sie ihn. Wenn Sie möchten, können Sie die Entspannung mit dem Ausatmen verbinden.
- Beginnen Sie die Übung bei den Beinen, beim rechten Fuß, und entspannen Sie die Zehen. Sie richten Ihre Aufmerksamkeit auf die Zehen, und mit dem Ausatmen entspannen Sie sie. Gehen Sie dann zur Fußsohle, zum Fußrücken, zur Ferse, zum Knöchel, zur Wade, zum Schienbein, zum Knie, zur Kniekehle, zum Oberschenkel, zum Hüftgelenk, zum Gesäß.

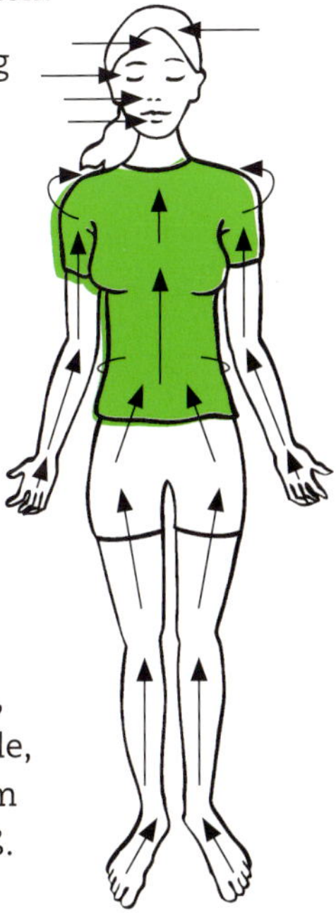

Dann wechseln Sie zu Ihrem linken Bein und entspannen es wie das rechte.
Dann richten Sie die Aufmerksamkeit auf Ihren Rumpf. Entspannen Sie die Bauchmuskulatur, die Muskulatur des unteren Rückens, den Brustkorb, die Muskulatur des oberen Rückens, den Hals, die Kehle, den Kehlkopf.
Sie wandern dann mit Ihrer Aufmerksamkeit zum Gesicht und entspannen den Unterkiefer, die Zunge, die Lippen, die Nasenflügel, die Wangen, die Augen, die Augenbrauen, die Schläfen, die Stirn (glatt), die Kopfhaut.
Dann gehen Sie zu Ihrem rechten Arm: Entspannen Sie die Finger, den Handrücken, den Handteller, das Handgelenk, den Unterarm, den Ellbogen, den Oberarm, die Achsel, die Schulter, das Schulterblatt. Das Gleiche dann mit dem linken Arm wiederholen.
Anschließend entspannen Sie den Nacken, den Hinterkopf, die Ohren und widmen sich noch einmal Ihrem Gesicht. Die Gesichtsentspannung macht man 2-mal, da sie schwieriger ist.

- Eventuell wiederholen Sie den ganzen Durchgang jetzt noch einmal etwas schneller.

- Wenn Sie fertig sind, können Sie noch einmal Ihren Vorsatz in Gedanken wiederholen. Genießen Sie dann noch einen Moment die Entspannung. Da es leicht sein kann, dass Sie bei der Übung einschlafen, sollten Sie einen Wecker stellen.
- Dann räkeln Sie sich und strecken sich. Kreisen Sie die Hände und Füße. Reiben Sie die Handflächen und Fußsohlen gegeneinander, das aktiviert den Kreislauf. Setzen Sie die Füße am Po auf, und lassen Sie die Knie einige Male nach links und rechts sinken, um Ihre Wirbelsäule zu mobilisieren. Bringen Sie dann die Knie zur Brust, umfassen Sie sie mit den Armen, und rollen Sie ein paarmal auf dem Rücken vor und zurück, oder wiegen Sie sich sanft hin und her.

Wenn Sie den Ablauf gut kennen, können Sie ihn verkürzen, indem Sie die Aufmerksamkeit gleichzeitig auf beide Beine und beide Arme richten.

Bewegungsentspannung mit Selbstmassage

Sie brauchen für diese Übung ruhige Musik, die Sie mögen.

- Stellen Sie sich bequem hin, die Füße schulterbreit geöffnet. Schließen Sie die Augen, und richten Sie Ihre Aufmerksamkeit nach innen. Ihr Atem fließt ruhig und gleichmäßig. Wandern Sie in Gedanken durch Ihren Körper. Wo sind Sie verspannt? Nehmen Sie einfach wahr, ohne zu beurteilen oder emotional zu reagieren.
- Fangen Sie dann an, sich auf die Musik zu bewegen. Versuchen Sie mit den Bewegungen, die Anspannung in Ihrem Körper loszulassen. Bewegen Sie sich so lange, wie Sie möchten – 5 bis 10 Minuten reichen meist aus.
- Halten Sie an, stehen Sie entspannt. Wenn Sie eher rhythmische Musik gehört haben, schalten Sie sie aus. Ruhige Musik können Sie weiterlaufen lassen. Fangen Sie an, sich zu massieren. Legen Sie die Hände auf den Brustkorb, und drücken Sie sie sanft gegen Ihren Körper. Massieren Sie auf diese Weise jeden Teil Ihres Körpers. Seien Sie liebevoll zu sich.
- Lassen Sie sich nach der Massage aushängen: Gehen Sie in die Vorwärtsbeuge. Arme und Kopf hängen ganz locker, Ihr Atem fließt ruhig. Halten Sie die Position

so lange, wie es Ihnen angenehm ist. Richten Sie sich dann mit dem Einatmen langsam auf, beugen Sie dabei die Knie. Bleiben Sie noch einen Moment ruhig stehen, und spüren Sie in Ihren Körper hinein. Konnten Sie die Spannung lösen?

Bessere Laune mit besserer Haltung

Vielen ist nicht bewusst, dass eine schlechte Körperhaltung das eigene Wohlbefinden stark beeinträchtigen kann. Schon einige Minuten krummes Sitzen können auf die Stimmung drücken. Umgekehrt können Sie mit bewusst aufrechter Haltung Ihre Stimmung verbessern (vgl. Löffler 2010). Richten Sie sich also immer wieder bewusst auf, wenn Sie merken, dass Sie – aus welchen Gründen auch immer – in sich zusammensinken.

Stehentspannung

Die Stehentspannung können sie überall praktizieren, vor allem, wenn Sie Wartezeiten überbrücken müssen.

Sei es, dass Sie auf die nächste U-Bahn, den Bus warten oder im Supermarkt in der Schlange an der Kasse stehen. Statt genervt zu sein, weil Sie warten müssen, nutzen Sie die Zeit für diese Entspannungsübung.

- Stellen Sie sich so hin, dass Ihre Fußaußenkanten gerade sind, die großen Zehen zeigen etwas aufeinander zu. Wenn Sie Schmerzen in den Knien spüren, drehen Sie die großen Zehen nach außen, bis Sie gut stehen. Die Beine sind schulterbreit geöffnet. Schließen Sie die Augen. Richten Sie die Konzentration nach innen.
- Gehen Sie mit Ihrer Aufmerksamkeit in Ihre Füße hinein, und spüren Sie, wie Sie Kontakt mit dem Boden haben. Wie fühlt sich der Untergrund an, auf dem Sie stehen? Nehmen Sie einfach wahr.
- Spüren Sie nun, ob beide Füße gleichmäßig belastet sind. Wenn ein Fuß mehr Gewicht trägt, geben Sie Gewicht ab.
- Gehen Sie nun mit der Aufmerksamkeit zu den Knien. Die Knie sind leicht gebeugt. Das Becken ist leicht nach hinten gekippt, so, als würden Sie sich gerade auf einen Barhocker setzen wollen. Das Steißbein zeigt wie ein Lot Richtung Boden.
- Jetzt gehen Sie mit Ihrer Aufmerksamkeit zur Wirbelsäule. Die Wirbelsäule ist aufgerichtet. Stellen Sie sich vor, am Scheitelpunkt Ihres Kopfes ist ein Faden befestigt, an dem Sie jemand hochzieht.

- Die Schultern sind entspannt, und die Arme hängen locker herunter. Lassen Sie die Arme sanft hin- und herpendeln.
- Der Kopf ruht in angenehmem Gleichgewicht wie eine Kugel auf der Wirbelsäule. Ihr Gesicht ist weich und entspannt.
- Wenn Sie jetzt einatmen, verlagern Sie Ihr Gewicht auf die Fußballen und mit dem Ausatmen auf die Fersen. Achten Sie darauf, dass die Füße fest in Kontakt mit dem Boden bleiben. Machen Sie dies eine Weile.
- Lassen Sie diese Bewegung in einen Kreis um die eigene senkrechte Achse übergehen. Fangen Sie mit kleinen Kreisen an. Achten Sie wieder darauf, dass die Fußsohlen fest in Kontakt mit dem Boden bleiben. Lassen Sie die Kreise allmählich größer werden.
- Halten Sie die Bewegung kurz an, und wechseln Sie die Richtung. Lassen Sie dann allmählich die Kreise kleiner werden und die Bewegung ausklingen, indem Sie wieder mit dem Einatmen das Gewicht auf die Ballen, mit dem Ausatmen auf die Fersen verlagern.
- Halten Sie die Bewegung an, und spüren Sie nach. Wandern Sie mit Ihrer Aufmerksamkeit noch einmal durch den Körper

Bewegungs- und Körperübungen

Bewegung ist das beste Mittel, um Stresshormone abzubauen – nehmen Sie sich also so oft wie möglich Zeit für körperliche Aktivitäten.

Vielleicht können Sie einen Teil Ihres Arbeitsweges zu Fuß zurücklegen – am besten immer dann, wenn der Schulalltag belastend war.

Yoga-Walking

Yoga-Walking lässt sich gut in den Alltag integrieren, z.B. auf dem Weg zur Schule oder in einer Pause.

Walking-Technik

Gehen Sie aufrecht, und rollen Sie über den ganzen Fuß ab. Der Fuß sollte möglichst gerade nach vorne zeigen und kaum seitlich nach außen stehen, sonst verkürzt sich die Schrittlänge (s. Abb.). Pendeln Sie die angewinkelten Arme locker nach vorne, aber nicht über die senkrechte Mittellinie des Körpers hinaus. Unter- und Oberarm bil-

den etwa einen rechten Winkel. Die Hände sind locker (s. Abb.). Je höher die Geschwindigkeit beim Walking, desto mehr gehen Sie auf einer Linie und bringen das Becken vor. Die Walking-Geschwindigkeit beträgt etwa 6 km pro Stunde.

langsames Gehen

schnelles Gehen

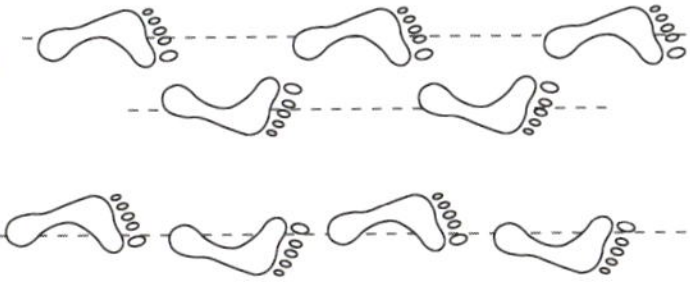

Walken Sie nach dem Prinzip: Warm up – cool down: den Walk langsam beginnen und beenden.

Nach dem Training sollten Sie auf keinen Fall das Dehnen vergessen!

Dehnen der Wadenmuskulatur

Dehnung der vorderen Oberschenkelmuskulatur

Dehnung der inneren Oberschenkelmuskulatur

Dehnung der hinteren Beinmuskulatur

Falls Sie lange keinen Sport mehr getrieben haben, denken Sie daran: Ihr Körper ist Ihr Kapital. Trainieren Sie mit ihm, statt gegen ihn. Sie müssen sich schon fordern, aber auf keinen Fall überfordern. Beginnen Sie also langsam, mit kurzen Trainingseinheiten, und steigern Sie dann allmählich die Trainingsdauer.

Um das Walking noch effizienter zu machen, können Sie es mit yogischer Atemtechnik verbinden, dem sogenannten Pranayama.

Atemtechnik beim Walken

Dieser Walk ist ideal, um Stress abzubauen, er entspannt und macht ruhig, er steigert das Bewusstsein.

Atmen Sie in folgendem Rhythmus: 4 Schritte einatmen, 2 Schritte den Atem anhalten, 8 Schritte ausatmen – die Ausatmung soll immer doppelt so lang sein wie die Einatmung, unabhängig von der Haltephase. Falls Ihnen dieser Rhythmus nicht möglich sein sollte, probieren Sie es mit diesem Atemverhältnis: 2 – 2 – 4.

Das Atemanhalten hat folgende Wirkung auf den Körper: Normalerweise nimmt der Organismus nur 6–12 % des eingeatmeten Sauerstoffs auf. Wird die Dauer des Kontaktes der Luft mit den Lungenmembranen durch das Atemanhalten verlängert, wird die Sauerstoffaufnahme verbessert und CO_2 besser ausgeschieden.

Gehen Sie, nachdem sie sich warm gelaufen haben, zunächst 3 Minuten mit dieser Atemtechnik. Machen Sie dann eine Pause, und gehen Sie mit normalem Atem weiter. Wechseln Sie das Atemmuster mit normalem Atem stetig ab. Wenn Sie sich daran gewöhnt haben, können Sie allmählich die Pranayama-Zeiten verlängern, übertreiben Sie aber nicht. Achten Sie auf Ihre Körperreaktionen. Beginnen und beschließen Sie den Walk immer mit normalem Atem.

Energie-Walk

Der Energie-Walk regt das Hormonsystem an, und die Drüsen arbeiten optimal. Das Immun- und das Nervensystem werden gestärkt. Sie werden sich nach dem Walk erfrischt und energiegeladen fühlen.

Teilen Sie Ihren Atem in mehrere Abschnitte ein: in 4 Teile beim Einatmen und in 4 Teile beim Ausatmen. Atmen Sie in 4 gleich langen Teilen ein, jeder Teil ist gleich lang und zwischen jedem Einatmen ist eine winzige Pause.

Ziehen Sie die Luft langsam in der Lunge hoch bis in die Lungenspitzen. Sie machen es richtig, wenn Sie dabei ein schnüffelndes Geräusch machen.

Atmen Sie in 4 Teilen aus, aktivieren Sie leicht die Bauchmuskeln, um alle Luft aus der Lunge herauszudrücken. Jeder Abschnitt ist wieder gleich lang und durch eine winzige Pause getrennt. Teilen Sie den Atem so ein, dass Sie bequem Ein- und Ausatmen können, ohne unter Druck zu geraten.

Nehmen Sie auf jeden Schritt einen Atemzug, das heißt, 4 Schritte für das Einatmen, 4 Schritte für das Ausatmen.

Zeit und Dauer der Atemtechnik wie auf S. 55 beschrieben.

Walk mit Vorsatz

Dieser Walk bewährt sich dann, wenn Ihre Gedanken am Rotieren sind, Sie aus Gedankenkreiseln nicht mehr herauskommen und Ihr Geist dringend Erholung braucht.

Wiederholen Sie, während Sie gehen, mental einen Vorsatz, z.B.: „Ich bin gut" oder „Ich schaffe es" – ein Wort pro Schritt, beim vierten Schritt machen Sie eine Denkpause. Fahren Sie so lange fort, wie Sie wollen, und bewahren Sie Ihre volle Aufmerksamkeit. Den Vorsatz können Sie jeweils an Ihre konkrete Situation anpassen.

Wenn Sie möchten, können Sie Ihren Schritt mit dem Atem synchronisieren: 4 Schritte für die Einatmung, 4 Schritte für die Ausatmung.

Yogasequenz um Frust abzubauen

Wenn die Dinge wieder einmal nicht so liefen, wie es in Ihrem Sinne war und der Frust sehr groß ist, dann versuchen Sie es doch einmal mit dieser Yogasequenz. Führen Sie alle Bewegungen immer langsam und bewusst durch.

Ha-Atmung

Sie stehen aufrecht, die Beine sind geschlossen. Schließen Sie die Augen. Fragen Sie sich, was Sie loswerden möchten: Ärger, Wut, Müdigkeit, Kopfweh oder Traurigkeit. Öffnen Sie die Augen, und fixieren Sie einen Punkt am Boden. Heben Sie Ihr rechtes Knie an, umfassen Sie es mit beiden Händen, und ziehen Sie es so nah wie möglich an die Brust. Dabei atmen Sie gleichzeitig mit einem kräftigen „HA" aus. Das Gleiche wiederholen Sie mit dem linken Bein. Machen Sie dies im Wechsel 10-mal. Lassen Sie mit jedem „HA" Ihren gesamten Frust los.

Adler

Sie stehen aufrecht, die Füße sind geschlossen. Schlingen Sie Ihr rechtes Bein um das linke wie abgebildet, knicken Sie im linken Knie dabei etwas ein. Breiten Sie Ihre Arme parallel zum Boden wie Adlerflügel aus. Stehen Sie ganz fest. Fühlen Sie sich frei wie ein Adler. Wechseln Sie dann die Seite.

Gorilla-Atmung

Sie stehen aufrecht, die Beine sind hüftbreit geöffnet. Atmen Sie tief ein, und brüllen Sie beim Ausatmen wie ein Gorilla laut und kräftig. Trommeln Sie dabei mit beiden Fäusten auf den Brustkorb. Zeigen Sie Ihre Kraft und Stärke. Wiederholen Sie 5-mal.

Pfeil

Sie stehen aufrecht, die Beine sind hüftbreit geöffnet. Schließen Sie die Augen, spüren Sie in sich hinein, und verlagern Sie Ihr Gewicht auf den linken Fuß. Öffnen Sie die Augen. Konzentrieren Sie sich auf einen Punkt im Raum, der auf Augenhöhe liegt. Winkeln Sie das rechte Bein an, fassen Sie den Knöchel, und ziehen Sie das Bein nach hinten. Neigen Sie sich gleichzeitig etwas vor, und strecken Sie den linken Arm nach vorne aus. Die Arme bilden eine Linie – einen fliegenden Pfeil. Halten Sie die Position einige Augenblicke, und wechseln Sie dann die Seite.

Berg

Setzen Sie sich auf einen Stuhl oder im Schneidersitz auf den Boden. Legen Sie die Hände auf die Knie, schließen Sie die Augen. Den Atem lassen Sie ruhig und entspannt fließen. Stellen Sie sich nun vor, Sie sind ein Berg. Sie fühlen sich wie ein Berg: breit, fest, schwer und unerschütterlich. Niemand kann diesem Berg etwas anhaben. Verweilen Sie bei diesem Bild, solange Sie möchten bzw. solange Sie Ihre Konzentration halten können.

Energiesequenz

Verfügen Sie über so viel Energie, dass Sie Ihre Arbeit gut erledigen und dann noch Ihre Freizeit genießen können? Oder ist das ein frommer Wunsch? Häufig fühlt man sich nach der Arbeit müde und ausgebrannt.

Mit der folgenden Übungsreihe können Sie sich „wiederbeleben" und frische Energie tanken.

Siegreicher Atem (Ujjayi-Atem)

Mit dieser Atemtechnik stärken Sie Ihre Ausdauer, Ihre Widerstandskraft, und Sie erhöhen Ihre Konzentrationsfähigkeit.

Atmen Sie langsam durch die Nase ein und durch den Mund aus. Erzeugen Sie beim Ausatmen ein „Haaa". Das „Haaa" sollte wie Meeresrauschen klingen. Dann schließen Sie den Mund und atmen durch die Nase ein und aus. Sie erzeugen weiterhin das Rauschen, nun auch beim Einatmen. Sie machen die Übung richtig, wenn sich Ihr Atem wie sanftes Meeresrauschen anhört. Atmen Sie so tief und so langsam, wie es Ihnen ohne große Anstrengung möglich ist. 5 bis 10 Atemzüge reichen aus, um Ihre „Batterie" aufzuladen.

Energiedehnung

Die Übung kann im Stehen oder im Sitzen durchgeführt werden. Falls Sie sitzen, sollten die Füße flach auf dem Boden stehen, die Arme hängen seitlich herunter.

Sie atmen langsam mit der oben beschriebenen Technik ein, heben die gestreckten Arme seitlich bis auf Schulterhöhe an und bringen sie dann neben den Kopf.
Atmen Sie langsam aus; dabei sinken die Arme wieder zurück zu den Seiten. Die Übung 5- bis 10-mal wiederholen.

Brust-Expander

Sie verschränken die Hände (im Stehen oder im Sitzen) hinter dem Rücken, die Arme hängen nach unten. Dann heben Sie die verschränkten Hände hoch – nur so weit Sie können, forcieren Sie nichts! Die Schulterblätter werden zusammengedrückt, der Brustkorb gedehnt. Halten Sie die Position, und machen Sie 5 bis 10 Atemzüge mit dem „siegreichen Atem". Dann senken Sie die Arme, lösen die Hände und schütteln Ihre Arme aus.

Klopfmassage

Die Massage regt den Stoffwechsel an, erwärmt den Körper und wirkt belebend. Sie baut Spannungen ab und lockert die Muskulatur.

- Die Massage können Sie im Stehen oder im Sitzen machen. Man beginnt an den Füßen.

- Mit der flachen Hand klopfen Sie zunächst den Fußrücken und die Fußsohle. Klopfen Sie so stark, wie Sie mögen – es sollte nicht wehtun. Dann den Unterschenkel und Oberschenkel vorne, hinten und seitlich klopfen. Wechseln Sie zum anderen Bein, und massieren Sie es.
  Mit lockeren Fäusten dann das Gesäß schlagen. Mit flachen Händen die Nierengegend sanft klopfen. Den Bauch sanft klopfen, dann mit den Fingerkuppen das Brustbein und die Schlüsselbeine.
  Ebenso Hals, Gesicht, Schädel, Hinterkopf mit den Fingerkuppen abklopfen.
  Mit einer lockeren Faust dann die Arme klopfen – vorne, hinten. Mit der linken Hand dann den rechten Arm stützen und mit der rechten Hand die linke Schulter klopfen. Wenn die Schulter sehr verspannt ist, nur reiben. Wechseln.
- Spüren Sie dann einen Moment nach. Wie fühlt Ihr Körper sich jetzt an?

Abschlussatmung

Zum Abschluss setzen Sie sich hin. Beide Füße stehen flach auf dem Boden. Der Rücken ist gerade. Stellen Sie sich vor, am Scheitelpunkt ist ein Faden befestigt wie bei einer Marionette, an dem Sie jemand sanft hochzieht.

Nun schließen Sie die Augen und sagen im Stillen beim Einatmen zu sich: „Ich bin ...“; beim Ausatmen denken Sie: „... stark und voller Energie.“ Das machen Sie so lange, bis Sie sich wirklich energiegeladen fühlen. Wenn die Gedanken abschweifen, lenken Sie die Aufmerksamkeit immer wieder auf den Atem zurück.

Verspannungen lösen

Der Lehrerberuf bringt es mit sich, dass man viel Zeit am Schreibtisch und am Computer verbringt. Das hat zur Folge, dass häufig der Schulter-Nackenbereich und der Rücken stark verspannt sind.

Muskelschmerzen und Spannungskopfschmerzen können die Folge sein. Die folgenden Yogaübungen bewegen die Wirbelsäule in alle Richtungen, lockern die Rückenmuskeln und den Schulter-Nackenbereich. Sie sind so einfach, dass Sie sie direkt am Schreibtisch durchführen können.

Sie können die Übungen jeweils einzeln für sich machen – es handelt sich um keine Sequenz. Sie brauchen dafür jeweils nur wenige Minuten. Einige Übungen können Sie auch im Stehen machen – wählen Sie die Option, mit der Sie sich wohler fühlen.
Im Stand sind die Füße schulterbreit geöffnet. Wenn Sie auf einem Stuhl sitzen, dann eher

vorne auf der Stuhlkante, beide Füße stehen fest am Boden auf (s. Abb.).

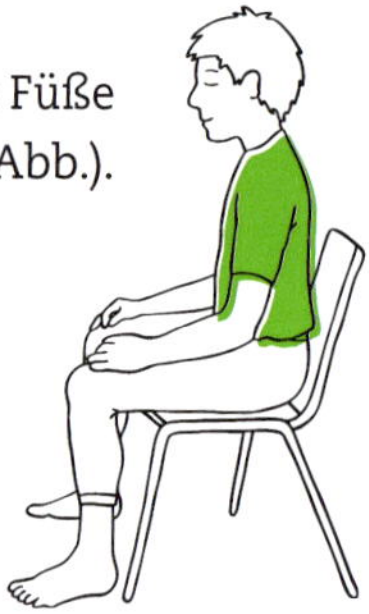

Möchten Sie im Schneidersitz sitzen, können Sie sich auch gut auf ein höheres Kissen setzen und die Füße vor dem Körper ablegen, ohne sie zu überkreuzen (s. Abb.).

Die Wirbelsäule lockern

Sie sitzen auf dem Stuhl oder im Schneidersitz. Sie legen die Hände auf die Knie und fangen an, Ihren Oberkörper zu kreisen. Wenn Sie einatmen, kreisen Sie nach vorne, wenn Sie ausatmen, nach hinten. Der Kopf ruht locker oben auf der Wirbelsäule, lassen Sie ihn nicht hängen. Wechseln Sie dann die Richtung. Spüren Sie in die Wirbelsäule hinein, spüren Sie, wie Sie gelockert wird und sich Verspannungen lösen. 1–3 Minuten.

Die Wirbelsäule flexibel halten

Sie sitzen im Schneidersitz oder auf dem Stuhl, die Wirbelsäule ist gerade. Legen Sie die Hände auf die Schultern, die Finger sind vorne, die Daumen sind hinten. Mit dem Einatmen schieben Sie den Brustkorb nach vorne, ziehen die Ellbogen nach hinten und legen den Kopf sanft in den Nacken.

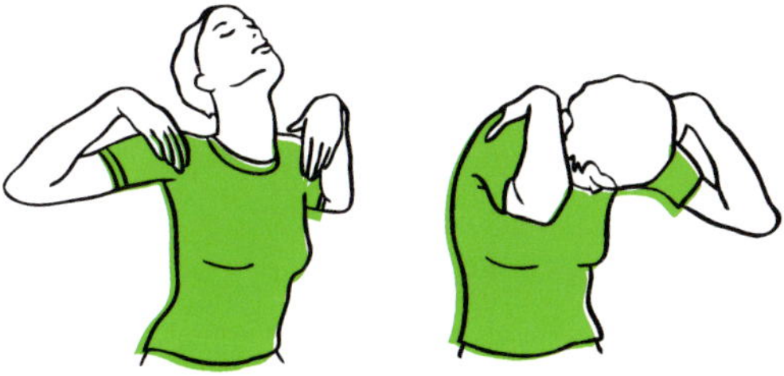

Achtung: Bei Problemen mit der Halswirbelsäule legen sie den Kopf nicht in den Nacken.

Mit dem Ausatmen machen Sie einen Rundrücken, ziehen die Ellbogen nach vorne und lassen den Kopf auf die Brust sinken. 1–3 Minuten.

Drehung der Wirbelsäule

Die Übung löst Verspannungen im Brust-, Schulter- und Nackenbereich.

Legen Sie die Hände auf die Schultern, die Finger sind vorne, die Daumen hinten. Atmen Sie ein, und drehen Sie sich nach links, atmen Sie aus, und drehen Sie sich nach rechts. Mit der

nächsten Linksdrehung atmen Sie wieder ein. Der Kopf geht mit. Konzentrieren Sie sich auf das „3. Auge“, den Punkt zwischen den Augenbrauen, damit Ihnen nicht schwindlig wird. 1–2 Minuten.

Seitliche Dehnung der Wirbelsäule

Die Übung dient der Kräftigung und Dehnung der Rücken-, Schulter- und Brustmuskulatur.

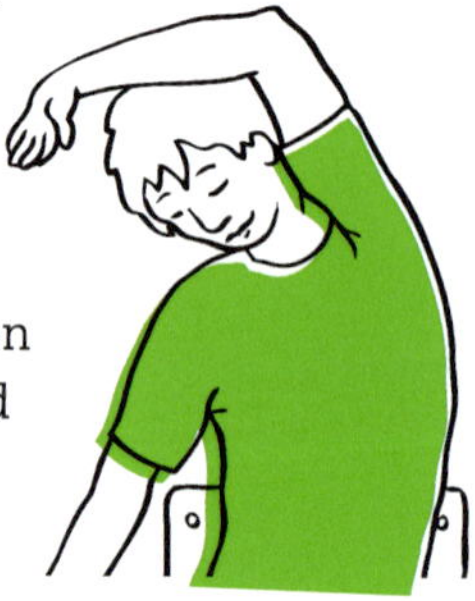

Sie sitzen im Schneidersitz oder auf dem Stuhl, die Wirbelsäule ist gerade, die Arme sind entspannt neben dem Körper. Einatmend heben Sie den linken Arm und bringen ihn neben den Kopf. Ausatmend beugen Sie den Oberkörper nach rechts und schieben die rechte Hand nach vorne. Mit der nächsten Ausatmung kehren Sie in die Ausgangsposition zurück und üben zur anderen Seite. 1–3 Minuten.

Den Tag begrüßen

Die Übung löst Verspannungen im Schulter-Nackenbereich.

Legen Sie die Hände vor der Brust zusammen, die Handflächen auf Herzhöhe. Mit dem Einatmen schieben Sie die Hände nach oben, über den Kopf. Mit dem Ausatmen lösen sich die Hände, und Sie führen die Arme in einem weiten Bogen nach unten. Dann führen Sie die Hände wieder vor die Brust und legen sie dort zusammen. 1–3 Minuten.

Zuneigung schenken

Die Übung löst Verspannungen im Schulter-Nackenbereich.

Öffnen Sie Ihre Arme weit, die Arme sind parallel zum Boden. Atmen Sie dabei tief ein, die Handflächen zeigen nach vorne. Ziehen Sie die Arme aktiv etwas nach hinten, sodass die Schulterblätter sich annähern. Mit dem Ausatmen umarmen Sie sich selbst: Führen Sie die Arme nach vorne, überkreuzen Sie die Arme vor der Brust, und legen Sie die Hände auf die Schultern. 1–3 Minuten.

Wenn Sie mögen, können Sie bei jeder Umarmung denken: Ich schenke mir Kraft, Liebe oder Zuneigung.

Meditation

Medizinisch gesehen, zählt die Meditation zu den Entspannungsverfahren. Sie kann jedoch weit mehr bewirken als Entspannung. Den buddhistischen Meistern war schon immer klar, dass regelmäßiges Meditieren den Geist, ja unser ganzes Wesen tiefgreifend verändern kann. Dieses Erfahrungswissen bestätigt die westliche Wissenschaft inzwischen nach und nach.

Wissenschaftliche Studien zeigen, dass Meditation positiv die Gehirnzentren stimuliert, die unsere Emotionen, Stimmungen, unser Temperament beeinflussen (vgl. Ott 2008). Das sind die Amygdala und der präfrontale Lappen des Vorderhirns. Der linke Lappen ist für positive Emotionen, der rechte für negative zuständig. Meditation aktiviert den linken Lappen. Man stellte darüber hinaus fest, dass bei Praktizierenden dieser Bereich nicht nur während der Meditation aktiv ist, sondern generell im Tagesablauf aktiver ist als bei Menschen, die nicht meditieren.

Messungen der Gehirnströme zeigten, dass während der Meditation ganz stark der Effekt der Synchronisation auftritt. Das heißt, beide Gehirnhälften sind aktiv. Man befindet sich in einem Zustand der „entspannten Wachheit“.

Die Synchronisation beider Gehirnhälften bedeutet, dass man ausgeglichener, flexibler und kreativer ist. Gleichzeitig wird die Ausschüttung von Hormonen, Neurotransmittern und Endorphinen angeregt, die unsere Gefühle steuern.

Bienen-Atem

Diese einfache Meditation hat den Effekt, die Nerven zu beruhigen und Wohlgefühl zu erzeugen. Sie verbessert die Konzentration und das Gedächtnis. Außerdem ist sie hilfreich bei Kopfschmerzen und Schlaflosigkeit.
Wer Probleme mit der Stimme hat, sollte den Bienen-Atem öfters praktizieren, denn er sorgt für eine klare Stimme.

Sie sitzen auf dem Stuhl oder auf dem Boden im Schneidersitz, die Wirbelsäule ist gerade. Sie atmen langsam durch die Nase ein. Mit dem Ausatmen summen sie „mmmmm“ wie eine Biene. Die Lippen liegen locker aufeinander. Summen Sie so lange, wie es ohne Anstrengung geht. Dann atmen Sie wieder ein und summen weiter. Wiederholen Sie 12-mal, und spüren Sie dann noch einen Moment dem Klang nach.

Wenn Sie mit der Meditation vertraut sind, können Sie die Zeit verlängern und so lange tönen, wie Sie sich dabei wohlfühlen.

Lächeln

Lächeln löst eine positiv stimulierende Kettenreaktion im Körper aus, auch wenn es ein willentlich hervorgerufenes Lächeln ist. Der Körper schüttet morphinartige Hormone aus, die die Stresshormone „fressen“. 10 Sekunden herzhaftes Lachen reichen aus, um Stress optimal zu reduzieren. Beim Lächeln dauert es etwas länger, etwa eine Minute, bis der Effekt eintritt. Nutzen Sie dieses Wissen, und lachen Sie so oft wie möglich – auch zusammen mit Ihren Schülern.

Inneres Lächeln

- Sie sitzen auf dem Stuhl oder auf dem Boden im Schneidersitz, die Wirbelsäule ist gerade. Schließen Sie Ihre Augen, richten Sie Ihre Konzentration nach innen.
- Formen Sie nun mit Ihren Lippen, die locker aufeinanderliegen, ein sanftes Lächeln. Wenn Ihnen das nicht möglich ist, entspannen Sie Ihr Gesicht, so gut es geht. Lassen Sie Ihr Gesicht weich und sanft werden, und stellen Sie sich vor, dass Sie lächeln.
- Spüren Sie in sich hinein, spüren Sie, wie dieses Lächeln auf Ihren Körper wirkt. Entspannen sich Bauch und Rücken?

- Lächeln Sie dann in Ihre Augen hinein. Lassen Sie das Lächeln durch Ihre Augen scheinen.
  Wenn Sie spüren, dass Ihre Augen mit der Energie Ihres Lächelns gefüllt sind, dann fangen Sie an, dieses Lächeln durch Ihren ganzen Körper zu schicken.
- Lächeln Sie in Ihren Unterkiefer und in Ihre Zunge hinein, lösen Sie dort mit Ihrem Lächeln die Spannungen auf.
  Lächeln Sie in den Nacken und in die Kehle hinein.
- Lassen Sie dann die entspannende Energie Ihres Lächelns in Ihr Herz hinunterfließen und es mit Liebe füllen. Lassen Sie dieses liebevolle Lächeln von Ihrem Herzen in Ihre inneren Organe fließen.
- Lächeln Sie in Ihre Lunge hinein, und füllen Sie Ihre Lunge mit Ihrem strahlenden Lächeln.
  Lächeln Sie in Ihre Leber hinein, und füllen Sie sie mit Ihrem strahlenden Lächeln.
  Lächeln Sie in Ihre Nieren hinein, und füllen Sie Ihre Nieren mit Ihrem strahlenden Lächeln.
  Lächeln Sie in Ihre Bauchspeicheldrüse hinein, und füllen Sie sie mit Ihrem strahlenden Lächeln.

Lächeln Sie in Ihre Milz hinein, und füllen Sie Ihre Milz mit Ihrem strahlenden Lächeln.
Lächeln Sie Ihrem Magen zu, und füllen Sie Ihren Magen mit Ihrem strahlenden Lächeln.
Lächeln Sie Ihrem Dünndarm zu, und füllen Sie Ihren Dünndarm mit Ihrem strahlenden Lächeln.
Lächeln Sie Ihrem Dickdarm zu, und füllen Sie Ihren Dickdarm mit Ihrem strahlenden Lächeln.

- Kehren Sie wieder zu Ihren Augen zurück. Füllen Sie Ihre Augen mit einem strahlenden Lächeln. Lassen Sie Ihr Lächeln durch die Augen scheinen.
- Wandern Sie dann mit Ihrem Lächeln Wirbel für Wirbel Ihre Wirbelsäule hinunter – bis zu Ihrem Kreuzbein, zu Ihrem Steißbein. Erfüllen Sie jeden Wirbel mit der Energie Ihres Lächelns.
- Verweilen Sie dann mit Ihrem Lächeln an Ihrem Solarplexus oder Ihrem Herzen.
- Wie fühlt sich Ihr Körper jetzt an? Hat sich Ihre Stimmung geändert? Behalten Sie das Lächeln bei, entspannen Sie sich immer weiter in dieses Lächeln hinein.

Liebende Güte

Diese Meditation ist eine Abwandlung der „Liebende-Güte-Meditation“ des Buddhismus. Um einen nachhaltigen Effekt zu verspüren, sollten Sie sie so oft wie möglich machen – es genügen jeweils ein paar Minuten.

- Sie sitzen auf dem Stuhl oder auf dem Boden im Schneidersitz, die Wirbelsäule ist gerade. Schließen Sie die Augen, und richten Sie die Aufmerksamkeit nach innen. Beobachten Sie Ihren Atem – lassen Sie ihn entspannt kommen und gehen.
- Stellen Sie sich nun eine kleine Gruppe von Menschen vor. Einige davon sind Ihre Liebsten, einige davon sind Ihnen gleichgültig, einige wenige bereiten Ihnen Probleme. Nun schenken Sie jedem dieser Menschen eine brennende Kerze. Dabei schauen Sie ihm, ohne Worte zu wechseln, in die Augen.
- Sie beenden die Meditation mit den Worten: „Möget ihr glücklich sein, möge es euch wohlergehen.“ Sie können den Satz so oft wiederholen, wie Sie möchten, oder ihn auch für jede einzelne Person formulieren. Zum Schluss können Sie sich selbst noch mit einbeziehen.

Wenn Sie die Meditation zum ersten Mal durchführen, nehmen Sie am besten nur eine Person in den Kreis mit auf, die Ihnen Probleme bereitet. Es sollte jemand sein, mit dem Sie keinen allzu schweren Konflikt haben. Allmählich können Sie dann Personen mit hineinnehmen, zu denen die Beziehung sich schwieriger gestaltet.

Achtsamkeit

Im Fokus der Forschung stehen momentan Achtsamkeitsmeditationen, zu denen auch die folgende Gehmeditation zählt. Achtsamkeitsübungen haben folgende positive Wirkungen:

„Durch den Prozess der Achtsamkeit wird es möglich, sich von der Identifikation mit Bewusstseinsinhalten (z.B. Gedanken und Emotionen) zu lösen.
In dem Maße, in dem die Praktizierenden dazu fähig werden, die Inhalte des Bewusstseins zu beobachten, werden sie nicht länger von ihnen ‚weggeschwemmt'."

Auf diese Weise können Werte *„neu überdacht und aktuell angepasst werden; […] der Praktizierende setzt sich den bestehenden Emotionen aus, anstatt sie zu vermeiden, und kann somit von Desensibilisierung und von dem Erkennen profitieren, dass die Emotionen nicht so unerträglich sind, wie zuvor befürchtet."* (Hölzel 2007, S. 6)

Achtsam gehen

Beim Yoga-Walking (S. 52) geht es darum, flott mit einem bestimmten Atemrhythmus zu gehen, sodass ein körperliches Training erzielt wird.

Bei der Gehmeditation liegt der Fokus darauf, bewusst zu gehen, achtsam zu gehen – sich jedes Schrittes voll bewusst zu sein.

- Beginnen Sie, normal zu gehen, und beobachten Sie dabei Ihre Ein- und Ausatmung, ohne etwas dabei beeinflussen zu wollen.
- Seien Sie sich ganz bewusst, wie Sie gehen: wie Sie Ihren linken Fuß, Ihr linkes Bein anheben, wie Sie den rechten Fuß aufsetzen und abrollen. Achten Sie darauf, wie Ihre Füße den Boden berühren. Nehmen Sie den Untergrund, auf dem Sie gehen, wahr. Nehmen Sie wahr, wie er sich anfühlt.
- Gehen Sie aufrecht, erhobenen Hauptes, blicken Sie entspannt auf den Boden vor sich, ohne jedoch den Kopf zu senken. Ihre Schultern sind entspannt, die Arme hängen locker und entspannt. Wenn Ihre Gedanken abschweifen oder Sie anfangen, zu eilen, bringen Sie Ihre Aufmerksamkeit sanft zu Ihrem Gehen zurück. Genießen Sie Ihr gleichmäßiges, achtsames Gehen, solange Sie möchten.

Stressimpfung

Ab Seite 28 sind Übungen beschrieben, wie Sie kognitiv und über den Abbau muskulärer Anspannung Stress in den Griff bekommen können. Sie können sich aber auch über die Arbeit mit dem Körper, indem Sie sich zum Beispiel abhärten, gegen Stress feien und ihm auch vorbeugen.

Abhärtung

Die Idee der Abhärtung wird heute durch Adaptations-, also Gewöhnungsphänomene, erklärt. Interessant für uns ist in diesem Falle die aus der Stressforschung bekannte Kreuzadaptation von einem Stressor auf den anderen. Das heißt, dass körperliche Reiztherapien zur Abhärtung gegen psychischen Stress führen.
Die Erfahrung zeigt, dass Stressabhärtung durch körperliche Reize sehr nachhaltige Effekte erzielt.
Zur Erzielung der Adaptationsvorgänge sind kurze körperliche Stressreize ausreichend, z.B. ein kurzer Sprint, der deutlich die Herzfrequenz erhöht oder kurze Kaltwasseranwendungen (Stress – Phänomen des Lebens, 2005).

Knieguss

Der Knieguss hat neben dem Abhärtungseffekt noch weitere positive gesundheitliche Wirkungen: Er tonisiert und kräftigt die Venen. Er ist schlaffördernd, durchblutungsfördernd, blutdrucksenkend, stärkt die Beckenorgane und den Nasen-Rachen-Raum.

Stellen Sie den Duschkopf auf einen weichen Strahl ein. Falls das nicht geht, stellen Sie sich eine Gießkanne mit kaltem Wasser bereit, oder Sie schrauben den Duschkopf ab. Schließen Sie Ihre morgendliche Dusche mit einem kalten Knieguss ab.

Sie beginnen an den Zehen des rechten Fußes, führen den Wasserstrahl über den Fußrücken zur Ferse, von dort an der Außenseite der Wade hoch bis eine Handbreit über die Kniekehle. Dort verweilen Sie etwa 5 Sekunden. Achten Sie darauf, dass das Wasser wie ein Mantel die ganze Wade bedeckt. Dann führen Sie den Wasserstrahl an der Innenseite der Wade wieder zurück zur Ferse. Dasselbe wiederholen Sie am linken Bein. Zum Schluss gießen Sie noch hintereinander beide Fußsohlen kurz ab.

Schuhplattler

Mit dem Schuhplattler bringen Sie Ihr Herz-Kreislauf-System schnell in Schwung.

Sie stehen bequem, die Füße sind schulterbreit geöffnet. Verlagern Sie Ihr Gewicht auf das rechte Bein, heben Sie das linke an, und berühren Sie

mit der rechten Hand die Fußsohle vor dem Körper. Der Oberkörper bleibt so aufrecht wie möglich. Stellen Sie das Bein wieder ab. Wiederholen Sie dies mehrmals, dann wechseln Sie die Seiten.
Steigern Sie nun das Tempo, und wechseln Sie ständig ab: rechter Fuß zur linken Hand – linker Fuß zur rechten Hand. Und noch eine Steigerung: Nehmen Sie jetzt Ihre Arme hoch, und setzen Sie die Bewegung fort – rechter Fuß zur linken Hand, linker Fuß zur rechten Hand. Beenden Sie die Übung in umgekehrter Reihenfolge, und werden Sie allmählich wieder langsamer.

Seilspringen

Stellen Sie sich vor, sie halten ein Springseil in den Händen. Natürlich können Sie auch mit einem echten Springseil üben.
Sie fangen an, Ihr Seil zu schwingen und in lockerem Tempo durchzulaufen. Steigern Sie allmählich das Tempo, und wechseln Sie zum Hüpfen. Hüpfen Sie mit beiden Füßen, dann abwechselnd auf dem rechten, linken Fuß. Wenn Sie eine Pause brauchen, wechseln Sie zum Durchlaufen. Probieren Sie einen Doppelsprung, oder kreuzen Sie das Seil vor dem Körper.
Wenn Sie genug ins Schwitzen geraten sind, lassen Sie die Übung allmählich ausklingen, indem Sie immer langsamer durch das Seil laufen.

Frösche

Kommen Sie in die Hocke, die Knie sind weit geöffnet. Wenn es geht, hocken Sie auf dem ganzen Fuß auf – wenn das nicht geht, balancieren Sie auf den Zehen. Stützen Sie sich mit gespreizten Fingern in der Mitte ab. Ihr Blick ist geradeaus gerichtet. In dieser Position atmen Sie aus. Mit dem Einatmen strecken Sie Ihre Beine, machen sie gerade. Wenn möglich, bleiben die Finger am Boden, der Kopf hängt locker. Mit dem Ausatmen kommen Sie in die Ausgangsposition zurück. Fangen Sie langsam an, und steigern Sie allmählich das Tempo. Wie viele „Frösche“ schaffen Sie?

Achtung: Wenn Sie Probleme mit den Knien haben, dann sollten Sie die Übung nicht machen!

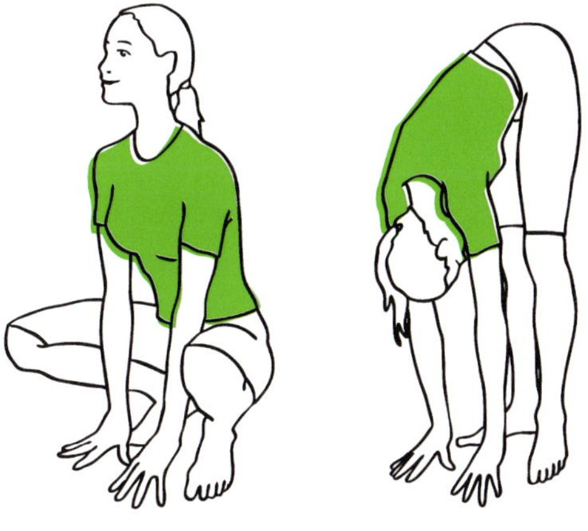

Ernährung

Essen gegen Stress

In Anspannung schüttet der Körper Stresshormone aus, die Magnesium aus den Zellen drängen sowie Herz und Kreislauf attackieren. Versorgen Sie sich daher während und nach stressigen Zeiten mit magnesiumreichen Lebensmitteln, wie Vollkornprodukten, Nüssen, Bananen; und trinken Sie viel Mineralwasser.

„Heiße Sieben"

Unterstützend können Sie die „Heiße Sieben" einnehmen. Sie benötigen dafür das Schüßlersalz Magnesium phosphoricum D6 (Nr. 7).
Das Salz sorgt dafür, dass das Magnesium in die einzelne Zelle gelangt.

Zubereitung: 1-mal täglich 10 Tabletten Magnesium phosphoricum D6 (Nr. 7) in heißem Wasser mit einem Plastiklöffel auflösen, die Lösung langsam und schluckweise trinken.

Achtsam essen – Rosinenmeditation

Sie benötigen 3 Rosinen. Wenn Sie keine Rosinen mögen, nehmen Sie eine andere Trockenfrucht.

- Nehmen Sie eine der Rosinen zwischen Ihre Finger, und betrachten Sie sie ganz

genau, als ob Sie zum ersten Mal eine Rosine sehen würden. Nehmen Sie ihre Farbe wahr, ihre Form, ihre Struktur, ihre Konsistenz.
Riechen Sie an der Rosine. Atmen Sie Ihren Duft tief ein.

- Führen Sie dann langsam und bewusst die Rosine zu Ihrem Mund, um sie zu essen. Machen Sie sich den ganzen Ablauf bewusst: wie Sie den Mund öffnen, wie Sie die Rosine zwischen die Lippen und schließlich in den Mund nehmen.

- Fangen Sie dann an, langsam die Rosine zu kauen. Lassen Sie sich Zeit damit. Nehmen Sie ihren Geschmack wahr. Schlucken Sie sie erst, wenn Sie sie ganz zerkaut haben.

- Verfolgen Sie dann den Weg der Rosine: wie Sie sie schlucken, den Weg durch die Speiseröhre in den Magen hinein.

- Bevor Sie die nächste Rosine nehmen, spüren Sie einen Moment nach. Wie fühlen Sie sich? Fühlen Sie sich um eine Rosine schwerer?

- Nehmen Sie nacheinander die zweite und dritte Rosine, und essen Sie sie genauso bewusst wie die erste.

— *Idee nach Kabat-Zinn 2004*

Nahrung fürs Gehirn

Morgens sind die Kohlehydratreserven des Gehirns aufgebraucht. Daher sollte das Frühstück diese wieder auffüllen.
Beginnen Sie also den Tag mit einem Getreidemüsli, das mit Obst verfeinert und mit Jogurt oder Milch angerichtet wird. Vollkornbrot mit Quark, Käse oder magerem Schinken ist auch gut.

Damit es keinen Leistungsabfall gibt, sollten Sie im Laufe des **Vormittags** ein Vollkornsandwich, einen Apfel, eine Banane oder Hüttenkäse essen. Zu große Pausen zwischen den Mahlzeiten können nervös, unkonzentriert und gereizt machen.

Wenn Sie am Nachmittag noch viel arbeiten müssen, dann sollten Sie **mittags** keine schwere Mahlzeit zu sich nehmen, sondern auf Salat, Gemüsegerichte und Fisch zurückgreifen.

Falls Sie **zwischendurch** bislang mit Traubenzucker versuchten, die Konzentration zu steigern – der Zucker lässt nur kurzfristig den Blutzuckerspiegel hochschnellen, aber dann sinkt er genauso schnell wieder, man ist wieder müde. Eine bessere Wahl ist Studentenfutter. Dessen leicht verdauliche Kohlehydrate und Mineralstoffe helfen schnell, die Müdigkeit zu überwinden. Das enthaltene Eisen sowie die Omega-3-Fettsäuren wirken langfristig günstig auf Ihre geistige Leistungsfähigkeit.

Tipps: Die richtigen Übungen für sich finden

Um den Einstieg zu erleichtern, finden Sie hier Vorschläge, wie Sie Übungen des Buches je nach Ihrer Situation zusammenstellen können.

Allerdings sollten Sie diese Tipps nicht als „Rezepte" verstehen. Für Ihre individuelle Situation können durchaus auch andere Übungen sinnvoll sein. Wichtig ist, dass Sie auf die Signale Ihres Körpers achten und sich mit den Übungen wohlfühlen.

Gelassener reagieren

1 | Klären Sie, in welcher Situation Sie gelassener reagieren wollen.
2 | Machen Sie die Übung „Probleme bewältigen" (S. 30) oder den „Inneren Berater" (S. 33).
3 | Praktizieren Sie regelmäßig den „Langen, tiefen Atem" (S. 39), sodass Sie in aufregenden Situationen automatisch auf ihn umstellen und sich beruhigen können.
4 | Impfen Sie sich gegen Stress mit einem Knieguss nach dem Duschen (S. 76).
5 | Gehen Sie einmal die Woche walken (S. 53), um Stresshormone abzubauen, evtl. walken Sie auch einen Teil des Weges von und zur Arbeit.

6 | Wenn Sie im Vorfeld schon wissen, dass es stressig wird, kauen Sie Kaugummi.

Vorbereitung auf schwierige Gespräche

1 | Verbannen Sie negative Gedanken, lassen Sie diese erst gar nicht zu, und ersetzen Sie sie durch positive (s.a. Vorsatz, S. 43)
2 | Führen Sie im Vorfeld die Übung „Liebende Güte" (S. 73) durch.
3 | Vor dem Gespräch, wenn Sie noch allein sind, können Sie „Den Stress packen" (S. 36) oder „Inneres Lächeln" (S. 70) durchführen.

Mit Lärmbelastung umgehen

Der Krach auf dem Pausenhof oder auf den Fluren nervt Sie total?

1 | Üben Sie regelmäßig „Yoga Nidra" (S. 42).
2 | Finden Sie Ihr „Ruhebild" (S. 38), und rufen Sie es so oft wie möglich ab.
3 | Eine der Stressimpfungsübungen (S. 76) sollte zur täglichen Routine werden, oder meiden Sie konsequent Fahrstühle und Rolltreppen.
4 | Trinken Sie morgens, vor dem Frühstück, die „Heiße Sieben" (S. 80).

Die Präsenz vor der Klasse verbessern

1 | Eine entspannte, lockere Haltung ist die Basis einer guten Präsenz.
2 | Üben Sie das „entspannte Stehen" (S. 49).
3 | Um Verspannungen abzubauen, sollten Sie öfters die „Bewegungsentspannung" (S. 47) durchführen.
4 | Damit Ihre Stimme entspannt klingt, regelmäßig den „Bienen-Atem" (S. 69) praktizieren. Das geht auch unter der Dusche.
5 | Überlegen Sie sich einen Vorsatz, den Sie auf dem Weg zur Klasse wiederholen, z.B. „Ich bin wach und präsent." (S. 44)

Dem Ausgebranntsein vorbeugen

1 | Üben Sie vor dem Schlafengehen eine der Entspannungsübungen „Langer, tiefer Atem" (S. 39), „Yoga Nidra" (S. 42) oder „Inneres Lächeln" (S. 70). Wenn Sie einschlafen – kein Problem, Ihr Schlaf wird tiefer und besser sein.
2 | Machen Sie öfters einmal die „Energiesequenz" (S. 60), um Ihre Batterien aufzuladen.
3 | Integrieren Sie den „Energie-Walk" (S. 56) in Ihren Alltag.

Die Konzentration verbessern

1 | Vor der Schreibtischarbeit: die Übungen zur Lockerung der Wirbelsäule (S. 64) oder die „Spannungskugel“ (S. 36).
2 | Wenn sich Frust angestaut hat, sollten Sie ihn erst loswerden, bevor Sie sich ans Korrigieren oder die Stundenvorbereitung machen (S. 57).
3 | Üben Sie den „Siegreichen Atem“ (S. 60).
4 | Ernähren Sie sich gehirngerecht (S. 82).

TEIL 2 | AUF EINEN BLICK

- Effektive Änderungen erreichen Sie nicht sofort, sondern mit regelmäßigem Üben.
- Üben Sie auch, wenn die Stress-Situation nicht akut ist. So können Sie im „Ernstfall“ Techniken besser einsetzen.
- Beginnen Sie mit einem Bereich, in dem Sie eine Veränderung herbeiführen möchten, und bleiben Sie hier am Ball. Versuchen Sie nicht, alles auf einmal zu verändern.
- Sorgen Sie für ausreichend Bewegung.
- Ernähren Sie sich vitamin- und vitalstoffreich. Vergessen Sie das Trinken nicht.

Quellen

- Benson, H.: Das Anti-Stress-Programm. In Psychologie Heute, Heft 2, 1993, S. 20.
- Böpple, G.: Bewusst entspannen mit drei angeleiteten Übungen aus der Tradition des Yoga. Audio-CD, Berlin 2006.
- Busjahn A. (u.a.): ß-2 Adrenergic receptor gene variations and coping styles in twins. In: Biological Psychology, V. 61, Nr. 1 (2002), S. 97–109.
- Deutsche Angestellten Krankenkasse (DAK) (Hg.): Lehrergesundheit – Baustein einer guten gesunden Schule. 2006.
- Atkinson, Rita L.: Hilgards Einführung in die Psychologie. Heidelberg, Berlin 2001.
- Hölzel, B. K.: Achtsamkeitsmeditation. Diss., Giessen 2007.
- Kabat-Zinn, J.; Kesper-Grossmann, U.: Die heilende Kraft der Achtsamkeit. Freiamt, 2004.
- Kobasa, S.: Stressful life events, personality, and health. In: Journal of Personality and Social Psychology, 37/1 (1979), S. 1–11.
- Lally, Ph. u.a.: How are habits formed. London, UK 2009.
- Löffler, Constanze: Gute Haltung – gute Laune! *www.rbb-online.de/quivive/archiv/quivive_am_24_03_2010/gute_haltung___gute.html* (Zugriff 24.06.10).
- Ott, U.: Meditationsforschung. In: Deutsches Yoga-Forum 5 (2008), S. 9–13.
- Schultz, I. H.: Das autogene Training, 18. unveränderte Aufl., Stuttgart 1987.
- Sonntag, R.: Blitzschnell entspannt. Stuttg. 2009.
- Stress – Phänomen des Lebens mit ambivalenter Wertigkeit. Freiburg 2005.

Verlag an der Ruhr

45472 Mülheim an der Ruhr | www.verlagruhr.de
Tel.: 0521/9719330 | Fax: 0521/9719137
E-Mail: bestellung@cvk.de

Es gelten die Preise auf unserer Internetseite.

Pocket-Ratgeber Schule
Kooperatives Lernen – kooperativer Unterricht
Cordula Hoffmann
Für alle Schulstufen, 80 S., 10 x 16 cm, Paperback, zweifarbig
ISBN 978-3-8346-0692-1
Best.-Nr. 60692
7,90 € (D)/8,10 € (A)/14,50 (CHF)

Pocket-Ratgeber Schule
So läuft's rund im Referendariat
Dr. Jessica Lütge
Für alle Schulstufen, 88 S., 10 x 16 cm, Paperback, zweifarbig
ISBN 978-3-8346-0691-4
Best.-Nr. 60691
7,90 € (D)/8,10 € (A)/14,50 (CHF)

Pocket-Ratgeber Schule
Wochenplanarbeit in der Grundschule
Alexandra Ferraryÿ
Klasse 1–4, 88 S., 10 x 16 cm, Paperback, zweifarbig
ISBN 978-3-8346-0693-8
Best.-Nr. 60693
7,90 € (D)/8,10 € (A)/14,50 (CHF)